AF231698

RETOUR SUR IMAGES

ANNICK COJEAN

RETOUR SUR IMAGES

BERNARD GRASSET

PARIS

A ma mère, ma complice et première relectrice.
A mon père... qui reçoit les notes de téléphone.

Préface

■

Les feuilles, cette fois, ne partiront pas au vent. Les pages sont cousues. La reliure est robuste. Les mots, les photos, les histoires, ne peuvent plus s'envoler. Les voilà donc unis, liés. Indissolublement.

Les articles écrits pour un jour sont devenus un livre. Un livre, c'est pour toujours. Et la journaliste de quotidien qui sait, mieux que quiconque, la nature éphémère de ses petits tas de mots, jubile – pourquoi ne pas l'avouer – de ce défi à la règle et au temps. C'est la première fois qu'elle redoutait le vent.

Car dans ses rêves à elle, en secret, elle faisait un album. L'album d'une génération, fascinée-façonnée par l'image, dont ce serait le miroir. L'album d'une grande famille, éclatée et multiple, planétaire, qui avait en commun une mémoire. L'album de quelques clichés universels qui diraient son histoire. Une collection aléatoire, forcément incomplète, glanée au hasard des souvenirs, des lectures, des rencontres. Des flocons de rêve. De petites tranches de monde.

Au départ, donc, des photos. De celles qu'on n'oublie pas. Qui étonnent, tant et tant, et que l'on peut scruter inépuisablement. Des photos qui témoignent d'un événement et font figure de repère en figeant un instant qui nous a ébranlés. Des photos qui, par leur mystère intrinsèque ou le talent d'un artiste, illustrent, isolent des émotions, des sentiments, moins accessibles, moins discernables dans la vie de tous les jours. Des photos qui touchent, cognent, poursuivent et permettent aussi, par le défi du raccourci, d'expliquer l'homme à l'homme. A condition de les faire parler. C'était là toute l'idée.

Je voulais savoir. Et cesser de fantasmer. Je voulais approcher au plus près la vérité de l'instant fixé par la photo. Ne plus l'imaginer. Pénétrer à un niveau de compréhension intime des personnages et des situations. Ne plus interpréter. Je souhaitais entendre les « héros » de mes images afin qu'ils me les fassent vivre, bouger. Je voulais les rencontrer. Ils étaient dans ma vie. Ils ne m'étaient pas indifférents.

Certains étaient connus, publics. Il n'était pas difficile de les trouver. Restait à les convaincre de parler d'un cliché, de retirer leur armure et de baisser la garde. De se dévoiler un peu. De parler sincèrement... D'autres étaient anonymes. J'ignorais s'ils vivaient. Qu'avaient-ils fait de leur existence? Comment, après la photo, se poursuivait l'histoire? Les avait-elle aidés, trahis, violés? Etait-elle une amie, une ennemie, un miroir?

Ce seraient d'étranges voyages que ces aller-retour présent-passé-présent. La photo, quelle qu'elle soit, est une image passée, un rappel implacable du temps qui fuit, et donc du vieillissement. L'excursion pouvait être douloureuse. Je redoutais d'être cruelle. Ce n'était pas un jeu... D'ailleurs, à l'exercice d'exploration de la mémoire, l'arroseur est aussi arrosé. La photo le fascine? C'est qu'elle lui parle de lui. Elle clame la vulnérabilité d'une existence en route vers son destin? C'est sa propre fragilité qu'il entrevoie aussi. La date du cliché fournit un repère précieux et établit un lien entre le temps de l'image et la vie de chacun. « J'avais quel âge à ce moment-là? J'habitais où? Je faisais quoi? » Chaque image forte renvoie à son propre cheminement.

Il y aurait de belles rencontres. Des regards embués. Des silences complices. Des souvenirs inédits. Des humeurs, de grands rires. Une aventure, en somme. Quelle chance d'avoir le prétexte d'exercer son métier...

■ ■ ■

Le choix de ces clichés ? Subjectif. Personnel. Des gens, des scènes, des regards. « S'il est une chose que la photo doit contenir, c'est l'humanité de l'instant », estimait Robert Frank. Ce fut là mon critère. Encore fallait-il que l'image eût marqué le monde entier. Je recherchais des photos « mythiques » sur lesquelles des millions de regards se soient interrogés. La plupart se sont imposées d'emblée.

Mille fois je les avais scrutées. Pour comprendre, entrer à l'intérieur, ressentir. Je haïssais le fait qu'elles n'aient point de légendes. Ou, alors, si minimes! J'examinais les yeux, les lèvres, les mouvements de la main, la tension des muscles. Je recherchais la moindre indication qui aurait pu m'aider à approcher la scène. Parce qu'elle m'avait touchée. Ou qu'elle faisait l'Histoire. Mais la plus belle photo n'offre que des indices, ne suggère que des pistes. Je ne voulais plus me contenter d'impressions. Je voulais des faits, une histoire.

Aucune des photos sélectionnées ne le fut par défaut. Mais il y a des manques. Et dans ma galerie imaginaire je sais de grands absents. C'est que je travaillais dans l'urgence. Quatre mois et des poussières pour mener l'entreprise, cela laissait peu de temps. Le programme d'activités de Nelson Mandela, par exemple, n'entra guère, hélas, dans ce calendrier. Pas plus que la recherche de cet enfant somalien s'enfuyant à toutes jambes avec sa maigre ration alimentaire tenue comme un butin, ou de ces femmes de Téhéran s'exerçant au fusil.

J'ai dû abandonner des pistes. Trop long, trop loin, trop incertain. Une fois je me suis agrippée, au-delà du raisonnable, convaincue de pouvoir triompher des mensonges, des obstacles, soutenue par le regard sans cil qu'une victime de Tchernobyl m'adressait, me semblait-il, sur un cliché pris dans un hôpital. Et je me suis plantée. Le jeune homme était mort. Je l'ai appris à Kiev de la bouche d'un de ses amis. La tristesse que j'en ai éprouvée l'a surpris. Moi aussi.

■ ■ ■

Les articles – les chapitres – évoquent des rencontres. Et non point des enquêtes. Celles-ci eurent lieu avant, pour cerner une photo, évoquer une époque, retrouver une personne. Mais sur chaque cliché je n'ai guère croisé les points de vue. Je ne recherchais que la vérité d'un personnage. Sa perception toute personnelle de l'instant. Sa subjectivité ne me rebutait pas. C'est elle que je traquais. C'était elle, mon sujet.

C'était un face-à-face. Une affaire de confiance. Un rapport personnel. Et c'est comme cela qu'imperceptiblement le « je » s'est imposé, si décrié au *Monde*, réputé impudique, mais cette fois nécessaire. Certains en ont été choqués, qui préféraient le « nous » ou bien le « on » décidément pratique. Tant pis. Le « je » m'a semblé plus franc.

■ ■ ■

Aucun cliché, jamais, n'a pu geler le temps, museler les énergies. Chaque fois qu'on se retourne, la vie a fait son oeuvre, plus sûrement que les enfants ne bougent, le temps d'« Un-deux-trois-soleil ». Kim Phuc, « l'enfant victime du Vietnam », a accouché au mois d'août 1997 d'un deuxième petit garçon, Steven. Elle reste à Toronto, mais la famille a quitté le minuscule appartement du quartier chinois pour un logement disposant de deux chambres, situé près de son église. Deux avantages cruciaux aux yeux de la jeune femme.

Depuis la parution de l'article, Caroline de Bendern, « la Marianne de 68 », est très sollicitée par la télévision : Mai 68, la famille, l'héritage... Maintes émissions de débat réclament son témoignage. Mais elle travaille sur un livre qu'elle rêve de sortir au moment des « trente » ans du joli mois. Elle a reçu, par l'intermédiaire du courrier du *Monde*, les amitiés d'une autre « soixante-huitarde » qui s'est reconnue sur la fameuse photo, « en bas, à gauche, derrière un poing tendu et chantant l'Internationale ». Un salut fraternel émanant d'une

lectrice, convaincue que son arrière grand-père – contrairement à l'aïeul de Caroline – aurait été fier de ses engagements.
Il avait écrit «J'accuse». Il s'appelait Emile Zola.

Chai Ling, « la commandante en chef de Tiananmen »,
a réussi ses examens d'Harvard et continue de suivre avec passion, mais à distance, les évolutions de la Chine. Il y a quelques
mois, la radio Voice of America a reçu l'appel d'un des soldats
réquisitionnés, le 3 juin 1989, pour réprimer les étudiants de la
place Tiananmen. « Je me sens coupable. Je ne peux pas
oublier la nuit du massacre. J'aimerais m'entretenir un jour
avec les leaders étudiants. Qu'ils sachent au moins que je les
admire. » Chai Ling est convaincue que ce militaire n'est pas
une exception. Malgré la chape de plomb qui pèse sur le pays,
personne, dit-elle, n'a oublié Tiananmen. Alors, elle se prépa-
re. Elle espère pouvoir jouer dans l'avenir un rôle dans la libération de la Chine. Elle se bat pour proposer la candidature de
Wang Dan, l'autre leader étudiant toujours emprisonné, pour
le prix Nobel de la Paix.

L'énergie de Jan Rose Kasmir, « la jeune fille à la fleur »
devrait l'aider à trouver du travail et se passer des subsides de
l'aide publique. Le journal de sa petite ville, tenu aussi par un
ancien hippy, vient de lui consacrer une page. Et la voilà qui se
prend à rêver d'un livre sur les illusions de sa génération :
« que sont les fleurs devenues ? »...

L'athlète noir Tommie Smith a suscité un énorme courrier. La mémoire des Européens, sur l'histoire des Jeux de
Mexico, serait-elle moins sélective que celle des Américains ?
Le coach de Santa Monica le pense, qui viendrait bien volontiers en France faire profiter les espoirs français d'athlétisme
de sa propre expérience.

Quant à Rostropovitch, il continue de célébrer ses
anniversaires – on finit par ne plus savoir lequel –   sur les sen-
tiers de la gloire. De son voyage-éclair à Berlin, il reste un souvenir que son ami Riboud lui a fait encadrer : une poignée de
petites pièces de monnaie jetées spontanément par les
badauds, au pied du mur fêlé.

■ ■ ■

Mais Diana est morte. Morte. L'écrire est douloureux. Ce n'est pas raisonnable, n'est-ce pas, de se montrer si sentimentale. C'est sans doute malhabile d'avouer un peu plus que de l'émotion à l'annonce de son décès. Et la fameuse distance entre le journaliste et son sujet ?... Je sais. Mais distance n'est pas indifférence. Diana figurait en bonne place dans mon album de famille imaginaire. Diana m'avait touchée.

J'avais appelé Kensington Palace un après-midi du mois de mai et exposé au secrétariat de la princesse l'esprit du projet de « Retour sur images ». Diana s'imposait, me semblait-il, dans une telle sélection. Pas seulement parce que c'était de loin la personne la plus photographiée du monde, mais parce qu'il y avait dans les clichés illustrant son engagement humanitaire une vérité, une sincérité lumineuse. Parce qu'elle avait, à l'égard des malades ou des plus démunis, des gestes qui ne mentent pas, des regards qui ne se travaillent pas, une tendresse qui ne se mime pas. Accepterait-elle d'en parler ? Lui plairait-il d'exposer ses convictions et de réfléchir au pouvoir de l'image ? On me pria d'écrire. « La princesse lit toutes les lettres. »

De fait, le jour même où elle reçut le courrier, Diana fit savoir par téléphone que le projet l'enthousiasmait. Quand pouvais-je venir à Londres la rencontrer dans sa demeure de Kensington ? Au fait, à quelle photo avais-je pensé ?... Ce fut aussi simple que cela. De son travail, de son engagement et de quelques idées, Diana, princesse de Galles, avait envie de parler. Peut-être heureuse qu'un journal réputé austère prenne son combat au sérieux et s'intéresse à ses convictions. Peut-être flattée, qui sait, de figurer dans une galerie où devaient se côtoyer Gorbatchev, Arafat, Walesa et peut-être Mandela. Peut-être décidée, enfin, à afficher résolument une nouvelle indépendance, un destin maîtrisé et une récente sérénité. En quelque sorte, à prendre date. Elle n'avait pas de conseiller de presse. Elle suivait son intuition. Elle avait envie de faire confiance.

Elle me reçut simplement et avec gentillesse : « Ce projet doit vous faire rencontrer pleins de gens ! C'est fascinant ! » Nous avons regardé ensemble une série de clichés : la petite Vietnamienne dont elle connaissait bien la photo, le tableau du Kosovo sur lequel elle s'arrêta, la Marianne de 68 dont elle apprit en riant l'origine britannique, une photo représentant François Mitterrand : « J'avais pour lui beaucoup d'admiration »... Et puis, par petites touches, elle se livra. Car sous son regard bleu qu'elle savait rendre timide lorsqu'elle inclinait légèrement la tête, la princesse de Galles cachait une âme rebelle.

Parler de la photo nous fit bien sûr dévier, sur sa vie, ses engagements, ses relations avec les médias. Les photographes ? « Oh !, soupira-t-elle, je n'ai guère le choix, c'est maintenant une donnée avec laquelle je dois composer. Dès que je franchis le seuil de cette maison, je suis sous leur regard et dans la vie publique.» Elle était effrayée par les risques personnels que pouvaient prendre certains pour faire une bonne image. En Angola, par exemple. Afin de la filmer déambulant, casquée, le long d'un champ de mines, certains avaient couru sur les bas-côtés de la route, marchant à reculons, l'oeil sur l'objectif, sans prêter attention, lui semblait-il, où ils mettaient les pieds. « Ils ne se protégeaient pas, j'ai eu si peur pour eux.»

C'est sur la presse et les commentateurs attitrés de la vie britannique qu'elle eut sans doute les mots les plus amers. Elle les sentait moqueurs, hostiles, malveillants. Elle faisait de son mieux, elle avait des idées, il y avait des causes auxquelles elle entendait s'atteler. Mais la moindre de ses initiatives déclenchait blâmes et railleries, polémiques et entraves. « Ce n'est pas facile ; on n'a de cesse que de me décourager et de contrer tout ce que j'entreprends.» Le vacarme déclenché à Londres par son interview dans *Le Monde* me fit mieux comprendre ce qu'elle avait voulu dire. Quelle démonstration ! Et quelle hypocrisie !

J'étais alors à Washington sur les traces de « la jeune fille à la fleur », mon dernier article. Et je fus, pendant deux nuits, assaillie d'appels de la presse britannique. Ainsi, me disait-on, la princesse avait osé rompre avec la tradition qui interdisait aux membres de la famille royale d'exprimer la moindre opinion partisane ! Ainsi Diana entrait en politique ! J'étais stupéfaite. Comment osait-on travestir à ce point l'esprit de ses propos ? Comment ne voyait-on pas qu'elle limitait ses commentaires au sujet des mines antipersonnel contre lesquelles elle menait croisade ? Elle louait sur ce point le gouvernement qui ralliait sa cause et blâmait celui qui, toujours, refusa. Et alors ? A qui ferait-on croire que c'était une surprise ? Que ses déclarations mettaient en danger l'esprit de la Constitution ?

Haro sur la princesse, embrayèrent les tories en demandant à la reine de la discipliner et de lui clouer le bec ! Le ministre travailliste des affaires étrangères défendit au contraire l'action et le courage de Diana. Les tabloïds se délectaient, soucieux d'envenimer le débat. L'un d'eux publia une photo de la princesse, une fermeture Éclair en guise de lèvres : fallait-il, oui ou non, la laisser s'exprimer ? Les lecteurs étaient appelés à en débattre. J'en avais la nausée. Les tabloïds avaient-ils seulement eu la curiosité de lire l'ensemble de l'article ? Ou bien faisaient-ils payer à la princesse ses déclarations sévères sur la presse anglaise, déclarations proférées, il est vrai, dans un journal français « à la réputation anti-britannique » ?

L'accident survint deux jours plus tard. Et le retournement d'une presse bien versatile. A nouveau je fus assiégée. L'entretien que Diana m'avait donné le 13 juin se révélait être le seul qu'elle accorda jamais dans la presse écrite. Journaux et télévisions du monde entier y virent un testament et s'empressèrent de le reproduire. Oui, découvrirent-ils, on pouvait s'intéresser aux convictions publiques de Diana sans évoquer aucune question relative à sa vie privée. La photo qu'elle avait choisie dans la petite sélection de clichés que j'avais apportée fut désormais présentée comme « la photo préférée de Diana », et fit le tour du monde. Des lettres bouleversantes me parvinrent. Du premier épisode, je demeurai meurtrie.

Elle rayonnait, Diana. L'âme à fleur de peau. Et la peau transparente. Ce n'était pas une question de beauté. Simplement de vérité. C'est ce que j'ai découvert derrière son sourire poli, sa poignée de main déliée, son battement de cils charmant. Et puis cet éclat de rire joyeux quand elle m'a vu glisser mes dossiers dans mon petit sac à dos Harrods. Rares sont les personnages qui donnent ce sentiment d'accéder immédiatement à leur coeur. Le sien était ardent.

■ ■ ■

Le métier de journaliste, contrairement à une certaine légende, interdit le cynisme. La matière sur laquelle on travaille est la plus délicate et la plus précieuse qui soit. Les photographes exposés dans ce livre sont de ceux qui l'ont compris. Je les en remercie.

Le podium de Mexico

1 6 O C T O B R E   1 9 6 8
MEXICO, STADE OLYMPIQUE
JOHN DOMINIS / LIFE MAGAZINE / TIME INC. / COSMOS

« **Je suis sur la plus haute marche du podium olympique.** Celle dont j'ai tant rêvé. C'est pour y avoir accès que, pendant deux ans, je me suis battu, entraîné, défoncé. C'était mon aiguillon, mon objectif ultime. La victoire était nécessaire, mais elle n'était qu'un moyen. C'est la tribune que je visais, la plus belle tribune qu'un athlète puisse atteindre. Question d'efficacité. L'enjeu est politique. J'ai un message à faire passer. Les JO m'offrent le monde entier. Tout est prévu, pensé. Je sais exactement ce que je fais.Et je veux que cela ait de l'allure. Il ne s'agit pas de saboter une cérémonie que je respecte, mais de lui donner un sens. L'image que je compose pèsera des milliers de mots. Les pieds nus évoquent la pauvreté des Noirs en Amérique. Mon foulard et le collier de John Carlos rappellent les lynchages opérés dans le Sud. Les poings gantés représentent la force et l'unité du peuple noir. Je conserve à la main la pousse d'olivier que l'on vient de m'offrir avec la médaille d'or en symbole de paix.
L'hymne va commencer, ce moment est sacré. Le sang du père de mon père a nourri le sol de ce pays, comme des milliers de litres de sang du peuple noir américain. Nous faisons un quart de tour pour faire face au drapeau. Les caméras sont là, le temps est suspendu. Alors, à la première note, je baisse la tête et je tends mon poing le plus haut possible vers le ciel. »

Tommie Smith

IL est venu à contrecoeur. Et il le dit d'emblée, sans agressivité, mais avec gravité. Pour que les choses soient claires. Tommie Smith ne triche jamais. S'il a changé d'avis après un premier refus brutal, c'est « par amitié » pour un vieux camarade, entraîneur sportif renommé, qui s'est porté garant et l'a supplié de parler : « Tu as des choses à dire Tommie, ton geste a imprimé la mémoire de tous les Noirs d'Amérique. Explique-le. » Il sourit, en secouant la tête avec accablement. Allons donc ! Expliquer... S'il suffisait de quelques mots pour dire la vérité ! Si une poignée de souvenirs, égrenés un à un, pouvaient conter l'histoire d'un geste définitif et inouï, qui magnifia et détruisit une vie ! L'image de Mexico n'a rien d'une anecdote. C'est du soufre qu'elle contient. De la douleur, de l'orgueil, du sang. Comment imaginer en parler sereinement ? « Dans ce poing brandi très haut, j'avais ramassé toute ma vie. » Le poing est devenu immortel, mais la vie est en lambeaux. « J'en ai fait le sacrifice. »

Il a calé sa longue carcasse sur une banquette de la cafétéria, posé ses lunettes de soleil et le chapeau de paille qui ne le quitte pas, commandé un café et une carafe de thé glacé. On a le temps, dit-il. Le collège de Santa Monica est au coin de la rue, ses élèves ne l'attendent pas au gymnase avant midi et demi. Mais comment amorcer un récit qui fait mal ? Son âme est pleine de blessures qui ne cicatrisent pas. « Je n'étais pas causant. Je suis devenu muet. Sitôt mes cours finis, je me referme. Je n'ai pas vraiment d'amis. Ce truc de 68, c'est tout le temps dans ma vie. » Il n'en parle à personne. C'est devenu son secret. Obsédant. « J'ai été populaire, et me voilà paria. » Ses mots cognent très fort. Comme s'ils étaient latents, comme s'ils étaient fin prêts et qu'ils n'attendaient qu'une question, qu'un regard pour s'échapper en groupe, libérés mais cruels, rugueux, cinglants. Ce matin, Tommie Smith a décidé qu'il ne les retiendrait pas.

Il oublie sa réserve, ses craintes de l'interview, sa méfiance pour les phrases. Trop tard de toutes façons ! Elles jaillissent. Il plonge dans l'entretien, les yeux dans ceux de son interlocutrice, insensible aux rumeurs et mouvements de l'endroit. Il est dans son récit, concentré et fervent. Les images ressurgissent. Les personnages aussi. Son père, James Richard Smith, « peau foncée, pommettes hautes, yeux perçants, qui apprit seul à lire en étudiant la Bible » ; sa mère Dora, de sang indien et « d'humeur si tranquille » ; une flopée de frères et soeurs – onze – disciplinés, soumis au père, « qui mirent toujours un point d'honneur à ne pas paraître pauvres » ; deux femmes – Denise et Denise – épouses successives qui n'ont pu supporter « le poids » de 68 ; quatre enfants. Et puis « les Blancs ».

Ils sont tous là, dans sa chronique d'une vie exposée au racisme primaire. Tommie Smith les raconte en les mettant en scène, changeant de voix pour reconstituer un dialogue, agitant ses longues mains, drôle et puis tragique, narrateur scrupuleux et formidable acteur. C'est l'Amérique qu'il campe. L'Amérique rurale des années 50 et 60, avec ses champs de coton remplis d'ouvriers noirs, ces « nègres » qui se louaient de ferme en ferme pour une poignée de dollars. C'est dans une de ces plantations que le jeune Tommie Smith fit ses premiers pas. Et c'est dans une poignée d'autres qu'il grandit et se met à son tour au travail, encadré par ses frères et son père qui, sous l'oeil nerveux de contremaîtres blancs, remplissent sans relâche d'immenses paniers de coton. « On était de bons enfants, polis, travailleurs, souriants, qui allaient à l'église et n'osaient adresser la parole à un Blanc. » Enfants modèles, irréprochables, qu'un directeur d'école viendra, lui-même, un beau matin, chercher aux champs.

Tommie Smith apprend à lire, écrire, parler, concourir, « être un Américain ». Il le désire si fort, appliqué par nature, vertueux par conviction. Ce pays ne récompense-t-il pas le dépassement de soi, l'effort, la foi ? Les propriétaires de la plantation en prennent de l'ombrage et observent d'un sale oeil l'ardeur du jeune homme qui, pensent-ils, menacera rapidement leur autorité. Mais Tommie Smith ne se risque jamais à la moindre polémique. Il s'accroche à ses études, cravache l'été pour se les payer et ne sèche aucun cours, même quand un sélectionneur détecte en lui les qualités d'un athlète d'exception et commence à lui imposer un entraînement de champion.

Il mène deux vies parallèles et progresse rapidement, sillonne les pistes, court, court de plus en plus vite, stupéfiant les médias par ses accélérations foudroyantes et les lunettes de soleil qu'il arbore dans les stades, sans doute par timidité. Avant la fin du premier degré de l'université, il a établi onze records du monde. Dans le monde sportif, Tommie Smith est devenu un exemple. Il fait partie du corps d'entraînement des officiers de réserve. Il croit en l'Amérique. Il y croit même si fort que tout ce qui dévoie son idéal et les textes fondateurs lui semble une trahison. Il a lu la Constitution.

C'est de là que viendra la rupture. Là que la différence entre le modèle de référence et la réalité lui paraîtra injurieuse pour ceux qui ont fait ce pays. Là qu'il mettra en perspective les discours de Jefferson avec les humiliations infligées à son père « dans des plantations organisées en camps de travail », les lynchages et pendaisons sauvages et les souffrances de pionniers qui, depuis le boycott des bus en 1956 jusqu'aux marches pour la liberté, entreprirent de venir à bout de la ségrégation.

OUI, l'Amérique est bel et bien raciste, Tommie Smith en a chaque jour la douloureuse confirmation, y compris dans sa ville de San José, où il découvre que nombre de propriétaires refusent de louer leurs appartements à des Noirs. « Le système, chaque jour, était pris en défaut. Ça m'est devenu insupportable. Il fallait rappeler l'Amérique au principe d'égalité. La roue qui grince a besoin d'huile. » Tommie Smith n'a rien d'un révolutionnaire. Le climat, pourtant, est de plus en plus lourd. La communauté des sportifs noirs se politise. Consciente de l'importance de ses athlètes, elle brandit bientôt la menace d'un boycott des Jeux olympiques de Mexico, en octobre 1968. « Comment accepter davantage le principe "Cours vite negro, rapporte-nous des médailles, et reviens ramper à la maison", qu'avait accepté Jesse Owens ? » Tommie

Smith-l'obéissant nage en plein dilemme. Il soutient cependant le Projet olympique pour les droits de l'homme, une sorte de pétition des athlètes noirs contre les discriminations raciales. L'idée d'une désertion de ses plus grands champions scandalise l'Amérique.

Mais le ton des lettres adressées aux athlètes est plus qu'un aveu de racisme : « Bon débarras ! Aucune envie de regarder courir un troupeau d'animaux comme les nègres ! » « Combien les communistes vous ont-ils payé pour ridiculiser les Américains ? » « Retournez au Congo ! »

L'ASSASSINAT de Martin Luther King, le 4 avril 1968, puis celui de Bob Kennedy, le 5 juin, accentuent les tensions. « J'ai compris qu'à mon tour je devais prendre mes responsabilités. Je n'avais pas le droit de ne rien faire de la notoriété qu'un don du ciel m'avait apportée. Si nous allions à Mexico, alors il faudrait en faire un événement historique, attirer l'attention du monde sur la situation du peuple noir et appeler l'Amérique à un sursaut en matière d'égalité raciale. Je n'avais pas le choix. Mon geste serait pacifique, respectueux et symbolique. Ce serait un sacrifice, mais une question de dignité morale. »

Il s'entraîne comme un fou, plus rien ne compte que l'accès au podium. Tout projet est différé au lendemain des JO et les nombreux employeurs potentiels qui le veulent sous contrat sont priés de patienter jusqu'à Mexico. Tommie Smith attend son heure. Elle sonnera le 16 octobre.

Tout se déroulera comme prévu: le record du monde du 200 m, la médaille d'or, le podium, le poing. John Carlos, médaille de bronze, s'est joint au mouvement et a revêtu l'un des gants de cuir noir achetés par Denise Smith. L'Australien Peter Norman, médaille d'argent, a accroché à son survêtement le macaron du Projet pour les droits de l'homme. Les trois sportifs quitteront le stade sous les huées et sifflements du stade. « Des animaux ! Des animaux sauvages, raconte Tommie Smith. J'étais condamné. C'est l'enfer qui m'attendait. »

SUSPENDU de l'équipe olympique et expulsé du village, il est retourné chez lui et a vu s'écrouler, un à un, les projets et contrats de travail annoncés. Alors il s'en est allé à Lemoore, tout près de San José, où l'attendaient ses parents. La petite ville californienne était en émoi. « Il fut un temps où l'on aurait pendu des nègres pour avoir fait cela ! » Son père l'a dévisagé en silence. Puis il lui a tendu la main. « Tu sais mon gars, les gens m'ont raconté des trucs sur ces Jeux et ce que tu as fait sur le morceau de bois. C'était plutôt difficile à assumer, hein ! La plus grande partie de ma vie fut difficile à assumer. Alors ce que tu as fait, je sais ce que c'est ! » Tommie Smith

Santa Monica, juillet 1997

était bouleversé. « Je comprenais tellement ce qu'il voulait dire. Et c'était si lourd. Il en avait bavé pour nourrir sa famille. Au moins, ce geste exprimait de la fierté. »

Des colis de bouse de vache sont arrivés le lendemain, le sur-lendemain et les autres jours chez les parents Smith. Des coups de téléphone ont empoisonné leurs nuits, des insultes et des menaces de mort. « J'ai pris l'habitude de regarder chaque matin sous la carrosserie de la voiture. » L'armée n'a plus voulu de Tommie Smith, ni les équipes de football qui l'avaient démarché. Des voitures le prenaient souvent en chasse, le FBI le suivait à la trace. « Comment vous raconter la folie de ces années ? Il y avait tant de passion autour du geste de Mexico ! Un geste de haine envers l'Amérique, avait-on commenté, alors que je n'avais que de l'amour pour ce pays qui avait besoin d'aide. J'en appelais simplement à l'égalité, à la justice, à la dignité. Mais c'était encore un peu trop tôt dans la tête de beaucoup d'Américains... »

Dora, la maman, mourra en 1970 d'une crise cardiaque. « Elle est partie comme elle avait voulu : en écoutant ses trois filles chanter à l'église. Mais comment ne pas songer aux pressions, insultes, humiliations subies pendant deux ans... » Les conditions de vie sont devenues rudes et précaires. Tommie Smith végète, tente sa chance au Canada, donne des cours ici et là, se fait virer d'une université, jugé tour à tour « dangereux » ou « trop bon pour l'emploi ». « La femme de John Carlos s'est suicidée, la mienne a demandé le divorce. »

Il fonde une nouvelle famille, affronte les mêmes problèmes. « Dieu alors m'est venu en aide. » Au moment le plus critique, on lui propose un poste d'entraîneur au collège pré- universitaire de Santa Monica, près de Los Angeles. Cela fait dix-neuf ans.

On y est donc allé ensemble, ce matin de juillet, les élèves depuis longtemps l'attendaient. « C'est à cause de la journaliste française, a-t-il expliqué.

– Une journaliste ? Elle écrit sur le collège ?

– Non, c'est à votre prof que je m'intéresse ! »

Stupéfaits, ils ont regardé le géant à chapeau de paille qui, déjà, déplaçait des haltères. « Ils ne savent rien de moi, m'avait-il glissé. Cette jeunesse se moque bien de ce qui s'est passé avant sa naissance. » C'est alors qu'un jeune athlète noir a pris la parole devant ses camarades interloqués : « En 68, le coach était l'un des sportifs les plus fameux du monde. Il faisait la «une» de tous les magazines. Mais c'était plus que ça. Comme Malcolm X et Martin Luther King, il dénonçait le racisme. Et, sur le podium des Jeux, il a fait un truc incroyable... » Mais le coach, ému, a tourné les talons, sans attendre la fin de l'histoire.

La princesse au grand cœur

JOHN PRYKE / REUTERS / MAXPPP

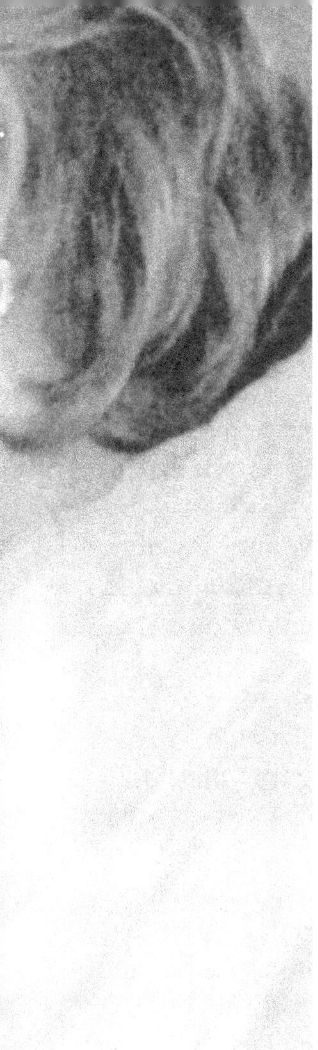

« **Nous sommes au Pakistan**,
à l'hôpital Shaukat Khanum de Lahore,
spécialisé dans le traitement du
cancer. Je suis venue y passer une
journée pour rencontrer les enfants
malades, encourager le personnel,
et peut-être aider à la collecte de
financement. Ma visite a été annoncée
et il y règne une effervescence
sympathique et joyeuse. Je parle aux
uns et aux autres, m'attarde avec
certains enfants.
Tout à l'heure, il y aura la distribution
de bonbons et le spectacle préparé par
une quarantaine de petits patients
costumés. Mais un petit malade
accroche soudain mon regard.
Un petit garçon sérieux, avec des yeux
tristes, et un corps épuisé.
Et je ne vois plus que lui. Je ne peux
pas dire pourquoi. Je sais qu'il va
mourir. "Puis-je le prendre dans mes
bras ?" dis-je à sa maman.
Elle est souriante, ravie. Nous rions
gentiment pendant qu'on me confie
l'enfant. Mais voilà qu'il supplie, d'une
petite voix anxieuse : "S'il vous plaît,
ne vous moquez pas de moi."
Mon Dieu ! Comment pourrions-nous ?
Je reste interdite. La maman lui
explique que nous parlions
simplement. Mais l'enfant ne voit pas,
ne voit plus. Oui, l'enfant est aveugle.
Une tumeur lui ronge le cerveau.
Je le serre très fort dans mes bras.
L'enfant est mort peu après,
je l'apprendrai lors d'une visite
ultérieure. Je ne l'oublie pas. »

Diana

C ETTE fois, c'est elle l'hôtesse. Et ce rôle lui va bien, qui confère à ses gestes un surplus de souplesse, et glisse dans son regard bleu roi des paillettes de gaieté et un éclair d'audace. Oui, la princesse reçoit. A 11 heures précises, indiquait même le fax. Et s'il n'y avait eu ce chauffeur de taxi qui, entendant « Kensington Palace », en déduisit qu'il ne pouvait s'agir que de l'Hôtel du même nom et pila net devant le portier, j'aurais été à l'heure... Mais la princesse n'a pas le rigorisme d'une reine qui égrène les secondes puis retire son sourire comme d'autres leur chapeau. La princesse est chez elle, décontractée, indépendante. Sans doute est-ce bien le seul endroit où elle ne risque point d'être la cible de téléobjectifs.

Elle porte une robe courte et sans manches, assortie à ses yeux, à moins qu'ils ne la reflètent. Un collier de grosses perles. Des chaussures à talons. Une assurance tranquille dont témoignent son sourire et le geste délié et gracieux avec lequel elle tend la main. Surtout elle paraît libre, et ce naturel est une jolie surprise chez celle que le protocole recommande d'appeler « Ma'am » (une contraction de « Madam », à ne pas confondre avec le fameux « Ma'am Scarlet » prononcé par une nounou africaine dans un film mythique américain). Mais, après tout, n'a-t-elle pas accepté avec spontanéité le principe d'un entretien autour d'une photo ? L'idée l'enchantait, a-t-elle fait répondre dès réception de la lettre. Elle était prête à jouer le jeu. La photo ? Il n'y avait que l'embarras du choix. Chacune des siennes faisant l'objet de mille et une publications, on dérogerait pour une fois à la règle en proposant à la princesse – certainement la personne la plus photographiée du monde – de lui apporter une sélection de clichés dans laquelle elle ferait son choix.

C'est dans le salon privé du premier étage que Diana propose de s'installer. Une pièce chaleureuse et féminine, avec des tons pastel, des dégradés de beige, quelques meubles anciens et des sièges confortables, et, partout où c'est possible, des cadres en bois ou en argent accueillant des photos. Celles, surtout, de ses deux fils, William et Harry ; celles de ses deux soeurs, et de son frère ; celle de son père, le comte Spencer, aujourd'hui disparu. La princesse a, paraît-il, des tiroirs de photos. Mais c'est la sélection opérée par Le Monde qui, tout de suite, l'intéresse. Pas de photos volées, privées, intimes. Mais les photos connues d'un personnage public qui, en braquant l'attention sur un problème de société ou une cause humanitaire, ont renforcé le mythe d'une princesse au grand coeur.

Diana les regarde une à une, en fournissant chaque fois, avec entrain, la légende des photos : où, quand, avec qui... « Je fais très attention aux gens, dit-elle, et je me souviens d'eux. Chaque rencontre, chaque visite est particulière. » Un hôpital pour enfants, un accueil de sans-abri, un centre de réinsertion, un laboratoire de recherche sur le sida, un refuge pour femmes battues, une tente pour lépreux au Zimbabwe, un camp d'aide alimentaire au Népal... Mais la princesse s'arrête. Dans sa main, la photocopie d'une photo prise en 1996 au Pakistan. « Ce petit garçon est mort, dit-elle sans détacher les yeux du cliché. Je l'avais pressenti avant de le prendre dans mes bras. Je me rappelle son visage, sa peine, sa voix... Cette photo m'est très chère. » Elle la met de côté, sur un bout du canapé, et continue, d'un regard plus distrait, à feuilleter le reste des clichés. Elle éclate de rire, parfois, quand un d'entre eux la surprend dans une pose trop officielle. Mais elle revient à la photo de l'enfant. S'il faut en choisir une, « c'est celle-ci, ditelle, sans aucune hésitation. »

Qu'y a-t-il à expliquer ? Ce n'est ni de la coquetterie ni un calcul d'image. La photo la touche « parce qu'elle est vraie », voilà. Entourée de parents d'autres petits malades, la princesse, ce jour de février 1996, se sentait à sa place, en harmonie, en sympathie, en « communion » avec le groupe. Son émotion n'était pas feinte, son recueillement était profond. Les battements de coeur du petit étaient, dit-elle, la chose la plus importante du moment. Elle aurait voulu lui communiquer de sa force, de sa santé, de son amour. Comment parler de princesse au travail ?

La photo témoigne d'une expérience humaine, pas d'une corvée officielle. « Au fond, c'est un instant privé dans une manifestation publique. Une émotion privée qu'une photo transforme en comportement public. Curieux couplage. Pourtant, si j'avais le choix, c'est encore dans ce type d'environnement, avec lequel je me sens parfaitement en phase, que je préférerais être photographiée. »

PRIVÉ, public... Où se situe la frontière ? La princesse brouille les cartes en la pulvérisant, introduisant du privé dans la sphère publique. Autrement dit en chargeant d'affectivité et d'émotion les devoirs et fonctions de sa charge. Il n'y a plus de carapace, plus de protection, plus le moindre surmoi. L'engagement est sincère et il est maximal. Risqué aussi. Les foules le sentent depuis le premier jour, séduites par sa compassion, et sa complicité immédiate avec la rue. L'Establishment, les politiques et princes du faux- semblant apprécient nettement moins. En une apparition, la princesse a révélé leur froideur, leur distance, leur cynisme.

Voyez ses gestes avec la grand-mère de Bosnie qu'elle presse sur son cœur, avec un jeune homme atteint du sida dont elle retient longuement la main entre les siennes, avec cette petite unijambiste angolaise qu'elle assoit sur ses genoux. Elle embrasse, caresse, enlace. « Je touche, oui. Je crois que chacun en a besoin, quel que soit son âge. Appliquer la paume de sa main sur un visage ami, c'est entrer tout de suite en contact, communiquer de la tendresse, marquer sa proximité. C'est un geste qui m'est naturel, qui vient du cœur. Il ne se prémédite pas. » Elle ne joue pas les dames patronesses, se moque du protocole, néglige les officiels, refuse toute position qui placerait ceux qu'elle visite en position humiliante.

Ses élans n'ont pas manqué de provoquer bien des froncements de sourcils dans la famille royale. Le « style » Diana décoiffait. Surtout quand il devint évident qu'au-delà d'afficher une image plus moderne il reflétait un autre rapport aux gens. La jeune femme a dû brider ses impulsions, et il lui arriva de douter de son rôle. « Du jour où je suis rentrée dans cette famille, plus rien, de toute façon, ne pouvait se faire naturellement ! »

C'est donc la foule qui, peu à peu, lui a donné confiance. Ce sont les malades, les enfants, les exclus qu'elle visitait avec une assiduité inédite qui l'ont convaincue de la justesse de son approche et de son don du contact.

Et c'est en eux que, en des moments difficiles, elle a puisé une énergie et presque une raison de vivre. « Je me sens proche des gens, quels qu'ils soient. On est d'emblée au même niveau, sur la même longueur d'onde. C'est pour ça que je dérange certains cercles. Parce que je suis beaucoup plus proche des gens d'en bas que des gens d'en haut, et que ces derniers ne me le pardonnent pas. Parce que j'ai une vraie relation de proximité avec les plus humbles. Mon père m'a toujours appris à traiter quiconque comme un égal. Je l'ai toujours fait et je suis sûre que Harry et William en ont pris de la graine. »

IL est des valeurs sur lesquelles la mère du futur roi ne transige pas. C'est une jeune femme déterminée qui parle. Une princesse de trente-six ans qui ne sait pas encore quel cours suivra sa vie personnelle mais qui, quoi qu'il arrive, entend poursuivre son engagement. « Etre en permanence dans l'oeil du public me confère une responsabilité particulière. Notamment celle de jouer de l'impact des photos pour faire passer un message, sensibiliser le monde à une cause importante, défendre certaines valeurs. » Ambassadrice ? Porteparole de prestige ? « Si je devais définir mon rôle, j'utiliserais plutôt le mot de messager. »

Ses obligations officielles ont fondu avec la prononciation de son divorce et ses interventions ne sont plus le fait que de son seul choix. Là encore, elle affiche sa liberté. « Personne ne peut me dicter ma conduite. Je travaille à l'instinct. C'est mon meilleur conseiller. » La lutte contre les mines antipersonnel, le sida, la recherche contre le cancer, les léproseries – la photo la représentant serrant les mains de lépreux aurait fait plus pour démythifier la maladie que les campagnes de presse organisées depuis vingt ans –, demeurent ses priorités.

Mais que de controverses, d'humiliations, de débats. « A chaque fois ! », soupire-t-elle. Une visite dans un centre de sans-abri, et on l'accuse de vouloir embarrasser le gouvernement conservateur. Un geste de tendresse envers un malade du sida (au début des années 80), et certains conservateurs y voient une indulgence coupable pour l'immoralité. Son contact spontané, en Inde, avec des « intouchables » ? Les vieux amis de l'Empire s'étranglent à l'unisson. Sa visite à Lahore, dans l'hôpital créé par Imran Khan, le mari de son amie Jemima ? La presse embraye sur l'accusation de Benazir Bhutto jugeant scandaleux le soutien politique apporté ainsi par Diana à son hôte, considéré comme un opposant. Sa présence dans une salle d'opération africaine lors d'une transplantation cardiaque ? On l'accuse d'indécente coquetterie, les journaux focalisant l'attention du public sur un cliché la représentant en gros plan, masque de chirurgie sur le visage, et les yeux... maquillés !

« La presse est féroce, dit-elle. Elle ne pardonne rien, elle ne traque que l'erreur. Chaque intention est détournée, chaque geste critiqué. Je crois qu'à l'étranger, c'est différent. On m'y accueille avec gentillesse, on me prend comme je suis, sans a priori, sans guetter le faux-pas. En Grande-Bretagne, c'est le contraire. Et je crois qu'à ma place n'importe qui de sain serait parti depuis longtemps. Mais je ne peux pas. J'ai mes fils. »

L'ÉPISODE le plus frappant fut probablement son voyage en Angola, au début de cette année. La princesse avait préparé de très longue date ce déplacement organisé par la Croix-Rouge, destiné à attirer l'attention sur le drame des victimes de mines antipersonnel (plus de 70 000 Angolais) et soutenir la campagne mondiale visant à les interdire.

On la vit donc passer des heures à écouter les témoignages de jeunes gens mutilés par les mines, des médecins, des démi-

En Bosnie, août 1997

neurs. On la photographia portant armure et visière blindée pour traverser un champ de mines et suivre les opérations de désamorçage. Mais c'est Londres qui déclencha les gros titres, et la polémique, une fois de plus, prit le pas. Les milieux conservateurs se déchaînaient, le Foreign Office restait tapi dans l'ombre.

« Un canon devenu fou », lâchait un député, comte de son état. « Une naïve, mal conseillée et totalement irréaliste ! », affirmait avec commisération un autre représentant. « Mal informée surtout, raillait un speaker en esquissant un parallèle douteux avec Brigitte Bardot. Le sujet est beaucoup trop compliqué pour sa petite tête d'oiseau. » Rarement critiques avaient atteint un tel degré. Jamais misogynie n'était apparue avec tant de force. Le gouvernement se tut officiellement, mais son malaise était évident, étant donné son obstination à juger « efficace, nécessaire pour nos forces armées » un certain type de mines. Diana fut profondément blessée. Encore la campagne conservatrice obligea-t-elle toute la presse à braquer ses projecteurs sur l'Angola. « La polémique a ruiné une journée de travail, mais décuplé la couverture média. »

Alors elle ne cache pas sa joie devant la décision immédiate du gouvernement travailliste de rallier les pays prônant l'interdiction totale des mines. « Sa position sur ce sujet a toujours été claire. Il va faire un travail formidable. Son prédécesseur était tellement désespérant. J'espère que nous parviendrons à convaincre les Etats-Unis de signer en décembre, à Ottawa, la charte d'interdiction. » Car il s'agit bien d'un engagement à long terme. Elle ne fait pas de « politique », mais de l'« humanitaire ». Et elle entend suivre les dossiers. Malgré quelques échardes.

« Au fil des ans, j'ai dû apprendre à me situer au-dessus de la critique. Mais l'ironie fait qu'elle m'a été utile en me donnant une force que j'étais loin de penser posséder. Cela ne veut pas dire qu'elle ne m'a pas blessée. Au contraire. Mais cela m'a communiqué la force de continuer sur le chemin que j'avais choisi. »

Ce n'était donc pas l'affaire du « baiser sur le yacht » qui allait lui faire renoncer, mi-août, au voyage en Bosnie. Le message sur les mines y perdra de sa force, mais Diana prouvera qu'on ne l'intimide plus, que les paparazzi ne gouvernent pas sa vie et qu'elle sait maintenir le cap.

La sincérité, dit-elle. Tout est là. Comme sur la photo de Lahore... On ne fait rien de bien qu'on ne ressente avec son cœur. « Rien ne me communique plus de bonheur que d'essayer d'aider les plus vulnérables de cette société. C'est un but et une partie désormais essentiels de ma vie. Une sorte de destin. Quiconque en détresse m'appellera, j'accourrai, où qu'il soit. »

L'homme sur la lune

LUNE, BASE DE LA TRANQUILLITE

NEIL ARMSTRONG / NASA / CIEL ET ESPACE

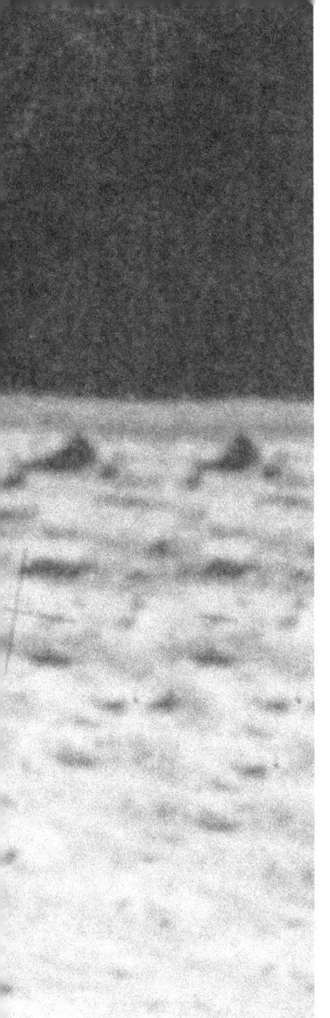

« **Le paysage est austère, désertique**. Des cailloux sans couleurs, une poussière très fine dont les grains s'envolent et retombent en jets symétriques et ralentis à chaque pas ; du gris, toute une palette de gris. « Magnifique désolation » a été ma première remarque. Pourtant, la lumière est incroyablement vive en contraste avec le ciel noir. Le Lem est éclatant et la combinaison de Neil ne m'est jamais apparue aussi blanche. « Hé ! Arrête-toi une seconde ! », me dit-il alors que je marche vers le module. M'arrêter... On ne stoppe pas d'un coup tous ses mouvements sur la Lune ! Ma main est encore en mouvement quand il prend le cliché. Pas le temps de poser !

Il faut un peu d'expérience pour adapter sa démarche à la quasi-absence de gravité. J'ai commencé par des petits sauts de kangourous, qui ont fait rigoler toute la Terre, et puis j'ai peu à peu trouvé l'allure, lente, légèrement penchée en avant pour compenser le poids du sac à dos. Sur Terre, si votre torse s'avance trop avant par rapport à vos pieds, votre corps est entraîné et vous chutez aussitôt. Sur la Lune, un petit mouvement du dos, et hop ! l'ensemble se redresse en douceur. Mais je n'ai guère le loisir de parfaire l'expérience. Et la certitude d'être observé par près de un milliard de spectateurs est une tension extrême. »

Buzz Aldrin

UNE légende tenace veut qu'à son retour de la Lune un astronaute ait brusquement découvert Dieu, se soit laissé pousser une barbe sauvage, et ait renoncé définitivement à la compagnie des hommes (et de sa femme) pour aller vivre en ermite au milieu des Rocheuses. L'histoire, extravagante, a couru la planète, plongeant chaque fois ses auditeurs dans d'étranges rêveries et ne recueillant généralement que ce commentaire aussi sobre que fascinant : « Au fond, cela n'a rien d'étonnant ! » Comme si la rumeur ne faisait que confirmer quelque intuition intime : un ancien de la Lune est forcément différent. Il a troué le ciel, foncé dans la nuit infinie, vu des choses, sans doute, qu'aucune langue terrestre n'est apte à décrire, et peut-être – qui sait ? – percé le grand secret.

N'en déplaise aux rêveurs qui, avec insistance, murmuraient son nom, Buzz Aldrin n'est pas devenu ermite. Pas plus qu'une illumination soudaine, à 380 000 kilomètres de la Terre, ne lui a fait découvrir Dieu. La révélation spirituelle avait eu lieu avant, puisque le pilote d'Apollo 11 avait emporté dans le module lunaire un mini-accessoire de communion (hostie et calice) qu'il déballa discrètement, sitôt « Aigle » posé sur la base de la Tranquillité, et qu'il se l'administra, ce fameux 20 juillet 1969, sous l'oeil ahuri d'Armstrong, après avoir demandé, par radio, à Houston, quelques minutes de silence. Son ardeur religieuse aurait plutôt eu tendance à pâtir du voyage sur la Lune : « Disons que mes sentiments sur l'Etre supérieur ont mûri et que je ne me repose plus sur Dieu pour résoudre mes problèmes ! »

Qu'on se le dise : Buzz Aldrin se porte bien. Soixante-sept ans, le corps musclé et souple, le teint éternellement bronzé, le sourire Hollywood, les yeux comme un coin de ciel... C'est avec grâce qu'il entretient son image de chevalier de l'espace, invité à Moscou, Monaco, Honolulu, Rio, enregistrant à l'occasion une pub, et développant dans des conférences aux cachets mirifiques une croisade qui, aujourd'hui enfin, semble donner des fruits : la nécessaire relance de la conquête spatiale.

C'est au 4 juillet qu'il avait fixé notre rendez-vous. Et la date était toute symbolique. Ce jour-là, fête nationale américaine, Pathfinder se poserait sur Mars et libérerait le petit robot capable de nous envoyer des images de la planète rouge. Aldrin vibrait rien qu'à cette idée-là. « Et cela n'est qu'un début, promettait-il au téléphone. Nous entrons dans un nouvel âge de l'aventure spatiale. Nous allons construire de vraies fusées-hôtels, moins chères et recyclables ; la Lune pourra servir de base permanente ; chercheurs et touristes iront ensemble sur Mars ! » Sur ce, il avait raccroché. Je ne savais que penser. Allait-il si bien que cela ?

Le doute se confirma quand on l'aperçut pour la première fois, ce fameux 4 juillet, sur la scène d'un amphithéâtre bondé de Pasadena. On attendait encore les premières images de Mars, et la salle, remplie de scientifiques et d'amateurs d'astronomie de tous âges, lui fit, à son arrivée, une ovation plus qu'enthousiaste. Après tout, notait le présentateur, s'il n'y avait qu'un homme à pouvoir parler en connaissance de cause de l'espace, c'était l'homme de la Lune ! Des parents s'agitaient pour rappeler leurs enfants, les moins bien placés grimpaient sur les sièges, des centaines d'appareils photo furent brandis en même temps. Et quand il se dirigea vers la tribune d'un pas très dynamique, une onde d'excitation joyeuse parcourut le public. Cet homme était plus qu'un champion, plus qu'un héros, plus qu'un conquérant. C'était comme un revenant. Il avait vu la Lune.

IL portait une veste d'un rouge profond à laquelle était épinglé le sigle d'Apollo, une cravate sidérale aux couleurs et images du cosmos et, à l'annulaire droit, un jonc étrange avec une étoile d'or au creux d'un croissant de lune. C'étaient là accessoires troublants, avouons-le. Là-dessus, il sortit d'une sacoche la figurine désarticulée d'un petit cosmonaute, l'agita devant le micro, et annonça : « Hello ! Je m'appelle Buzz Aldrin. » J'étais interloquée : la combinaison blanche de la photo célèbre n'abritait-elle qu'un clown amateur de gadgets ?

Mais mille personnes au moins s'esclaffèrent en même temps. C'est un fait : il savait conquérir son public.

Alors on écouta. Et Aldrin, le scientifique, diplômé de West Point et du MIT, docteur en astronautique et auteur d'une thèse remarquée sur les rendez-vous orbitaux, se lança, avec moult dessins de fusées et de trajectoires, dans l'exposé de ses idées sur la conquête spatiale. Il y fut question de fusées peu coûteuses et réutilisables, de touristes à inclure, pour cause de rentabilité, dans un étage-hôtel, de navettes permanentes entre la Terre et Mars, d'énergies récupérables sur le sol des planètes et de colonies humaines à planifier d'urgence. Un calendrier s'afficha même à l'écran qui proposait un plan jusqu'en 2040.

Là, le doute, carrément, s'installa : était-ce une réunion d'astronomes ou un rendez-vous d'amateurs de science-fiction ? Mais la salle applaudissait, et Buzz Aldrin savourait son triomphe. Il opta finalement pour un ton plus lyrique et, comparant le programme spatial aux pyramides et cathédrales, il conclut sur ce mot : « Que la force soit avec vous ! », réplique fétiche du film Star Wars. C'en était trop. Il était temps qu'on parle.

Il le fit volontiers, attentif, amical, nullement rancunier du refus catégorique que nous lui avions opposé, deux mois auparavant, lorsqu'il avait fixé à 5 000 dollars le tarif d'une interview. Et, lorsque je lui mis sous les yeux la photo prise sur la Lune, signe que son passé d'astronaute m'intéressait peut-être plus que son avenir de visionnaire, il eut ce mot étrange : « J'étais naïf alors. » L'image dans la main, il se regardait avec tendresse comme il l'aurait fait devant une vieille photo de son service militaire. « J'étais jeune, perfectionniste et totalement anxieux, intimidé par la signification de la mission, écrasé par son énormité. Il y avait une telle pression ! Le monde entier avait les yeux sur nous. Et je voulais être parfait, plus que parfait. Mais quel fardeau ! Même si la mission s'est formidablement bien passée, ce ne fut, je vous l'assure, ni tranquille ni serein. »

Mais la Lune ? Comment était la Lune ? Sa lumière et ses ombres ? Sa vue sur la planète Terre, toute bleue, au milieu d'un ciel noir ? Et ce silence de mort ? L'impression d'infini ? Aldrin ne répond pas. Ce n'est pas un poète. « On n'était pas là pour rêver mais pour respecter, dans une durée très courte, un programme très chargé. Pourquoi voudriez-vous que je répète ces platitudes dont les gens ne se lassent pas, du genre : que la Terre est belle avec une telle distance ! Je n'ai pas pris le temps de la contemplation. Et la Lune, astre mort, est loin d'être un endroit où l'on souhaiterait rester. »

De la combinaison, il accepte de parler. De la visière fermée qui reflète Neil Armstrong et les pieds du module et qui rend la photo si curieusement « impersonnelle ». De la poussière lunaire collée à ses genoux qui fit croire aux observateurs qu'il s'était étalé alors qu'il n'avait fait que heurter l'échelle du Lem. Du drapeau, difficile à planter, et qu'une baguette télescopique permit de maintenir déployé malgré l'absence d'air. Des pierres à ramasser, des expériences à mener. Jamais de sentiments. « Le rêve était sur Terre. Sur la Lune, il n'y avait qu'anxiété et conscience de la charge. » La vie, la mort, le temps, le sort, l'infini, l'Univers... Non. Ne l'entraînez pas sur ce terrain-là. Ce serait, assure-t-il, une fausse piste. Ce qu'il a appris de la vie, de son sens, de l'esprit, c'est de ses expériences terrestres qu'il le tient, d'un travail sur lui-même, d'une lutte ultérieure avec certains démons.

Je me permets d'insister. Allons ! pourquoi tout ce mystère ? Pourquoi ne pas tenter de dire avec des mots ce qui l'a fasciné, troublé, choqué, perdu peut-être, dans ce voyage lointain ? Neil Armstrong, commandant de la mission, s'est réfugié dans l'Ohio et ne consent plus à dire mot sur la Lune. Mike Collins, resté dans l'orbite lunaire, n'a eu de cesse que de retrouver l'anonymat. Y-a-t-il donc un secret de la Lune ? « Cessez de mythifier ce voyage ! dit Aldrin d'un air las. Nous étions assistés, conseillés, pris en charge. Tout était planifié, contrôlé jusqu'au moindre détail. Les combats aériens que j'ai livrés en Corée étaient autrement plus risqués que de ramener à bon port la fusée. Et jamais bataille ne fut plus désespérée, exigeante, solitaire que celle que j'ai menée plus tard pour me sortir de l'alcool. Ça, c'était un défi bien plus grand que la Lune ! Bien plus satisfaisant aussi ! »

Pasadena, juillet 1997

LE retour sur Terre a cabossé Aldrin. Un malaise d'abord, une insatisfaction, une grosse mélancolie, et puis la dépression, l'engrenage, le naufrage, les traitements psychiatriques, l'alcoolisme.

L'astronaute a bel et bien craqué. Trop lourd avait été le fardeau. Tout avait conspiré. Il y avait ce regret – jamais entièrement avoué – de n'avoir été que le « deuxième » à poser son pied sur la Lune ; une frustration constante, un sentiment de gâchis, « car c'est Neil qui était le commandant » ; une pression médiatique infernale, compliquée encore par la rivalité des trois hommes lors de la tournée mondiale qui suivit l'expédition : « Chacun de nous voulait briller, surprendre, prendre l'avantage, c'est humain, cela s'appelle l'ego. » Enfin l'angoisse de l'avenir : « Que faire d'autre, maintenant ? Comment rebondir ? Quel objectif ? Je ne voyais pas d'issue. »

Attention ! insiste bien Aldrin, « mon patrimoine familial et médiatique créait un terrain favorable. La Lune n'a fait qu'accélérer une tendance latente ». Il a failli couler. La NASA était perplexe, les confrères d'Aldrin moqueurs ou indifférents. « Il y a quelques années, j'ai tenté de réunir les vingt-quatre astronautes qui symbolisaient l'esprit Apollo et approchèrent la Lune. Cela n'a pas marché. Nous n'avons plus rien en commun. » Cela ne lui semble pas très important. La richesse du voyage sur la Lune ne résidait ni dans les pierres collectées sur le sol, ni dans les études menées ultérieurement, ni dans l'expérience personnelle vécue par les astronautes. La richesse, dit Aldrin, ce fut une petite valeur ajoutée à la vie de tous ceux qui, sur Terre, vibrèrent à l'événement. « Tous ceux que je rencontre tiennent à me raconter où ils étaient, ce qu'ils faisaient à ce moment-là. Cela les lie à l'événement qui est devenu le leur, et magnifie leur vie. J'y ai beaucoup réfléchi. Cette convergence et ce partage donnent au voyage une valeur spirituelle. »

Un cri a retenti, suivi d'un tonnerre d'applaudissements. Mars venait d'apparaître sur les écrans du salon où nous nous tenions à l'écart. Des scientifiques s'embrassaient, le champagne coulait dans les coupes. Aldrin refusa poliment celle qu'on lui tendait. « Il faut que l'homme aille sur Mars, dit-il avec conviction. Il faut qu'il continue d'explorer l'Univers. C'est la vocation de l'espèce. Et sa responsabilité. L'homme tôt ou tard se dispersera dans l'Univers. Et la Terre restera le lieu de la Genèse. Là où tout a commencé ».

L'enfant symbole du Vietnam

8 JUIN 1972

SUD VIETNAM, TRANG BANG

NICK UT / AP

« **Du feu.** Du feu partout.
Du feu en moi surtout.
Il me consume, je ne comprends pas,
j'ai si chaud, si chaud. On dirait que
ma peau brûle, qu'elle se détache,
qu'elle part en lambeaux, comme mes
vêtements calcinés, qui sont tombés
d'eux-mêmes. Je me frotte le bras
gauche, ça colle, c'est pire.
Ma main droite est difforme.
Je vais être affreuse !
Je ne serai plus jamais normale.
Je ne vois que de la fumée.Il faut que
je sorte du feu ! Je cours, je cours le
plus vite possible. Mes pieds ne sont
pas brûlés. J'ai de la chance. Plus vite.
Il faut réussir à fuir.
Je crois que je dépasse le feu.
La fumée s'éclaircit. Je distingue
des silhouettes.
Je ne suis plus toute seule.
Il y a du bruit, des cris, des pleurs.
Je cours encore plus vite. Tout le
monde court d'ailleurs :les soldats,
mon petit frère Phuoc à droite,
mes deux cousins à gauche.
Et puis Pam, mon grand frère, qui m'a
vue, qui s'affole, qui crie :
« Aidez ma soeur ! Aidez ma soeur ! »
Il a compris que je brûle. Et moi, je
hurle : « Nong qua ! » (trop chaud !)
Le choc, l'urgence m'ont fait presque
oublier la douleur. Elle survient
pourtant, effroyable. Alors on va me
verser un peu d'eau sur le corps,
et ce geste sera fatal.
Personne n'a encore la moindre idée
de ce qu'est le napalm. »

Kim Phuc

ELLE vit !... Avec de l'asthme, du diabète, des migraines, de multiples allergies. Avec des cicatrices qui lui gondolent la peau et s'enflamment parfois, souvent, quand le temps est capricieux, quand il fait trop chaud, trop froid, trop humide. Sa peau brûlée a perdu tout système de défense et ne respire jamais. « Mais quelle chance a mon visage ! Pas une marque ! Merci mon Dieu ! »

Elle vit ! Et même elle a donné la vie. Un petit garçon de trois ans à la peau lisse et douce ne cesse de se lover contre elle, et cherche à l'embrasser, perplexe parfois, inquiet, devant les crevasses de sa peau. « Mon corps était si dévasté, je ne pensais pas être désirable. Et voilà que l'homme le plus gentil, le plus compréhensif du monde – il s'appelle Toan – a eu envie de m'épouser. Et voilà que j'ai créé une famille ! Tant de chance, vraiment ! »

Elle vit, oui. Et lire son nom – Kim Phuc – au-dessus d'une boîte aux lettres, avant de la rencontrer ici, dans ce petit appartement de deux pièces, au coeur d'un quartier chinois de Toronto, vingt-cinq ans après le fameux cliché, a quelque chose d'irréel. Comment dire ? L'impression d'approcher une icône et de la voir glisser de son cadre, exposée soudain au grand souffle de la vie.

Elle rit. Une cascade de notes aiguës qui ravit l'enfant mais énerve le colosse à cervelle d'oiseau qu'un centre de handicapés, moyennant rémunération, confie à la surveillance de Toan quelques heures par jour. Kim lui sourit, pose un doigt sur ses lèvres et dit avec assurance : « Ici, au Canada, je construis une belle vie. » Elle tend la robe légère qui lui tombe aux chevilles afin de mouler un petit ventre rond : « Bientôt, nous serons quatre ! » Toan, jusqu'alors en retrait dans la cuisine, passe une tête radieuse. Puis, discrètement, il emmène en promenade le géant et l'enfant. Kim a besoin d'être sereine pour changer de continent et plonger dans le temps.

Assise sur le canapé, les pieds nus, la pose décontractée, la photo devant elle, la petite Vietnamienne, devenue une jeune femme de trente-quatre ans qui s'exprime en anglais, entame alors son incroyable récit. C'est un film, semble-t-il, qui défile dans sa tête, comme un cours d'eau limpide dont elle sait chaque mouvement, chaque courant, chaque récif. Sa voix est un murmure, et son rythme suit le fleuve. « C'était un après-midi étouffant du mois de juin 1972, en pleine guerre, en plein tourment. Depuis trois jours, le village subissait d'intenses bombardements d'avions sud-vietnamiens, et la population s'était réfugiée dans la pagode, endroit sacré par excellence, qu'aucun soldat, fût-il américain, ne devait jamais viser. Soudain, à l'heure du déjeuner, la situation a semblé empirer, le feu s'étendre. Quelqu'un a surpris un signal de couleur lancé du ciel vers la pagode pour désigner une mire. Il a hurlé : "Sortons ! Nous sommes morts si nous restons ici !" Et la fuite s'est organisée : les enfants en premier, qui devaient courir vite ; et puis les gens âgés, avec la nourriture ; les adultes avec les bébés... »

Kim Phuc a détalé. Elle a remarqué l'avion qui volait lentement, et compté quatre bombes juste au-dessus de sa tête. On aurait dit des œufs qui flottaient dans l'air chaud. Il n'y eut guère de bruit. Juste une immense flamme orange. Kim était plongée dans le feu du napalm. Encore quelques minutes de course, et elle perdrait connaissance, anéantie par la douleur, brûlée jusque dans ses os. Mais son destin aura entre-temps croisé la route de Nick Ut, ce photographe de l'agence AP dont le cliché, publié dès le lendemain, rapportera à son auteur le fameux prix Pulitzer et transformera Kim en symbole. Symbole de la barbarie des guerriers.

PENDANT deux jours, la famille ignora tout du sort de la petite fille. Deux de ses cousins étaient morts sur la route. Kim, trop grièvement atteinte pour être soignée sur place, avait été transportée en urgence à l'hôpital de Saïgon. Elle y restera quatorze mois. Longtemps entre la vie et la mort, allongée sur le ventre. Son corps n'était que plaie. « Le matin, on m'immergeait dans une baignoire pour me débarrasser de la peau qui, toujours, s'infectait. Elle se détachait par morceaux, il fallait la couper. Les plaies étaient à vif. C'était si douloureux que je m'évanouissais. Un jour, la visite de ma soeur a coïncidé avec l'heure de mon bain. Elle n'a pu supporter de voir et s'est évanouie à son tour. L'infirmière était furieuse ! » Quand Kim repartira enfin vers son village, où l'attendent ses parents et ses huit frères et soeurs, dix-sept greffes et opérations diverses auront remodelé son corps.

Kim alors veut devenir médecin et s'accroche à l'école. La famille est pauvre, la maison dévastée, la mère absorbée dans la cuisine d'un minuscule restaurant de plein air. Mais pour prendre son bain, faire ses exercices, porter ses affaires, chacun lui vient en aide. La vie serait donc acceptable si de violentes migraines ne l'anéantissaient et si sa peau, sans protection, n'avait parfois l'aspect d'une « viande cuite ». Kim, devenue adolescente, pleure devant les miroirs. Plus jamais elle n'expose aux regards ni son dos ni ses bras.

La guerre depuis longtemps est finie. Le cliché de Nick Ut a fait le tour du monde et, après avoir bouleversé l'opinion publique américaine, suscité débats, invectives, polémiques et précipité, aime à penser Kim Phuc, la fin du conflit, elle continue de hanter les esprits. C'est « la » photo du Vietnam. En 1982, un journaliste allemand veut savoir ce qu'est devenue son « héroïne ». Il adresse la photo au gouvernement vietnamien, le sommant de lui dire si l'enfant oui ou non est en vie. La réponse ne lui parvient qu'un an et demi plus tard. Mais elle donne des idées aux autorités vietnamiennes, qui, soudain, prennent la mesure de ce que représente Kim Phuc aux yeux de la planète. Comment imaginer meilleur instrument de propagande ? Kim perd sa liberté. On l'exhibe, on l'interviewe, on l'utilise. Elle doit interrompre ses études, affronter les caméras, sillonner le pays. Ses espoirs d'être médecin s'effondrent. Elle supplie qu'on la laisse tranquille. On l'envoie étudier à Cuba.

Alors le monde l'oublie. Et Kim, pendant sept ans, restera sur son île. Elle étudie l'espagnol et l'anglais, et tente de réapprendre à vivre. Elle a de multiples amies et même un amoureux, Toan, qui n'ose se déclarer et qu'elle n'encourage guère. A personne elle ne parle de son désir de fuir. « Le climat ne me convenait pas, j'avais des allergies, du diabète, maintes douleurs. Mais j'avais surtout l'impression de vivre sous contrôle. Je haïssais ce régime. C'était comme au Vietnam. » Un soir, dans un des rares hôtels de l'île doté de l'électricité où se retrouvent les étudiants, quelqu'un lance à la cantonade : « Mais pourquoi Kim n'épouse-t-elle pas Toan ? » La jeune femme est stupéfaite. Toan, souriant au bout de la table, ose à peine la regarder. L'idée, apparemment, excite tout le monde. On échafaude des plans. De l'amour de Toan personne ne peut douter. Kim en est étourdie. Trois jours plus tard, elle a dit oui. Dix jours plus tard, elle est mariée. Les amis ont tout organisé. Jusqu'à la lune de miel. A Moscou.

A ce moment du récit, Kim fait une petite pause, met ses jambes en tailleur, ménage son suspense. Et même elle rit d'avance des surprises qu'elle réserve. Car le fleuve, maintenant, se transforme en rapides. Sa vie va changer de cours. « C'est dans l'avion du retour que j'ai révélé à Toan ce que je lui cachais depuis plusieurs semaines. Je n'avais que trop tardé, il fallait que je me jette. » Il était temps en effet : Kim ne rentrait pas à Cuba. A l'escale de ravitaillement en carburant, prévue sur le territoire canadien, elle prévoyait de quitter le groupe de passagers et de demander l'asile politique. Sa décision était irréversible.

Toan fut abasourdi. Cela faisait des mois qu'il rêvait de retrouver sa famille au Vietnam. Et c'est avec sa femme qu'il entendait rentrer. Kim, bien sûr, comprenait. Mais jouait toutes ses cartes. « Tu as le choix, je ne veux rien t'imposer, disait-elle. Mais nous sommes une famille maintenant. De quoi aurais-tu l'air en rentrant seul de ton voyage de noces ! » Le mot était cruel, même dit avec humour. « Au fond de mon coeur, j'étais sûr qu'il ne me quitterait pas. »

L'avion se rapprochait de Gander. Toan se tassait sur son

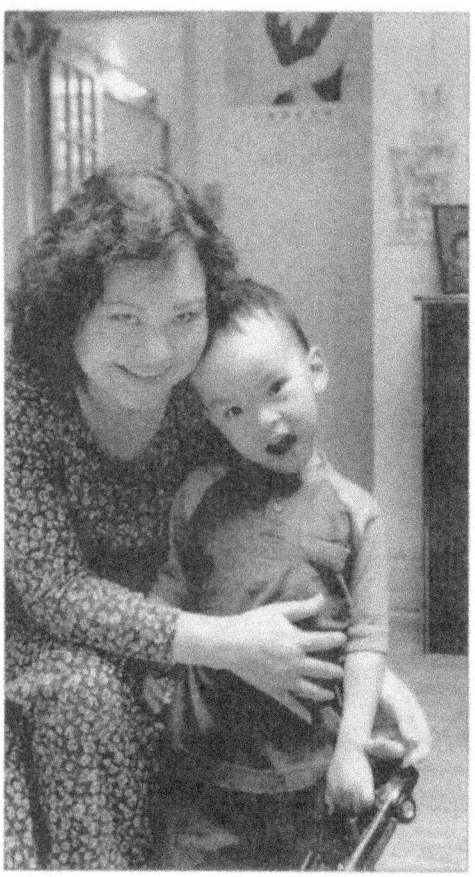

Toronto, mai 1997

siège. Ils n'avaient pas d'argent, pas de vête-ments, pas d'adresse. Ils ne connaissaient même pas la carte du Canada. Mais la jeune Vietnamienne avait un sentiment d'urgence. C'était ce jour-là ou jamais. Alors, quand l'avion fut posé, quand, après une polémique opposant le personnel de bord et le pilote, les portes enfin s'ouvri-rent, elle fila vers un militaire canadien, ten-dit les deux passeports et, le coeur battant, rejoignit la file des aspirants au statut de réfugiés. Toan, bien sûr, à ses côtés.

« Il était si nerveux qu'il n'a pas pu dormir pen-dant une bonne semaine ! Mais on nous a logés, nourris, aidés. C'était une surprise délicieuse. Maintenant, Toan à deux jobs à mi- temps. Ce n'est pas sa qualification, mais je suis si confian-te ! » Son visage affiche un sourire permanent, sa voix est enjouée, et son rire, ah ! son rire... « Ce doit être ma nature. Dieu m'a fait don du bonheur. » Encore sa fameuse « chance » !

Que comprendre, sinon constater en effet son ardeur à sai-sir, cultiver sa parcelle de bonheur ; admirer sa soif de construire, sa curiosité impatiente pour l'avenir. Et discrète-ment observer ses yeux gris.

CAR parfois, et alors même qu'elle rit, ils deviennent si brillants qu'on jurerait voir des larmes. « Je ne les laisse pas venir ! corrige-t-elle. De quoi pourrais-je me plaindre ? Jamais, même aux pires moments, je n'ai surpris de la colère, de la haine, de la rancune dans les yeux de mes parents. On ne peut changer le passé. Alors à quoi bon s'y noyer ? Il n'est utile que pour s'élever. »

La photo de Nick Ut n'est exposée nulle part, dans le petit appartement de Kim. Sa vue lui est infiniment douloureuse. Mais comment l'oublier ? On ne se soustrait pas au destin de symbole. La course de Kim sous le feu du napalm touche à l'universel.

L'an passé, Kim fut invitée à Washington à la cérémonie commémorative de la guerre du Vietnam. Et devant un parterre de plusieurs milliers de vétérans médusés elle a pris timidement la parole pour évoquer l'espoir. Et le pardon. « Si je pouvais me trouver face à face avec le pilote de l'avion qui a lancé la bombe, je lui dirais : on ne peut pas changer l'histoire, mais au moins peut-on essayer de faire de notre mieux dans le présent et le futur pour promouvoir la paix. » Et puis elle a disparu durant la plus longue et la plus respectueuse des standing ovations.

Au milieu de l'assistance, John Plummer était foudroyé. C'est à lui qu'elle venait de s'adresser. Lui qui avait eu la responsabilité de coordonner le bombardement de Trang Bang, le 8 juin 1972. Lui qui, devenu pasteur, après mille errances, portait toujours sur lui la photo de la petite fille, découverte dès le 9 au matin et lestée de remords. Il se rua vers un policier, le suppliant de remettre à la jeune femme un message. Déjà, elle quittait le mémorial, soucieuse d'éviter la foule. Elle s'engouffrait dans un escalier, elle allait disparaître. Le billet lui parvint juste à temps : « Kim, je suis cet homme. » Alors elle s'arrêta, se retourna. Il attendait, tremblant au haut des marches. Et elle ouvrit ses bras.

Le père de Solidarnosc

2 4   S E P T E M B R E   1   9   8

VARSOVIE

ALAIN KELER / SYGMA

« **C'est le jour de l'enregistrement officiel de Solidarnosc.**
La Pologne est encore communiste. Et l'existence d'un premier syndicat indépendant est quelque chose d'aberrant. Chacun pressent que c'est un germe qui peut faire éclater le communisme. Mais personne n'en dit mot. Pourtant, on sait. Moi, je sais.
On a voyagé par car de Gdansk à Varsovie pour déposer les statuts auprès du tribunal.
Il y a foule. Elle me connaît.
Je parle comme elle, je sens comme elle. Je suis comme sa conscience, sa petite voix intérieure qui trouve un haut-parleur. Elle rit, elle crie, elle applaudit. Elle me bouscule, me hisse sur des épaules.
Je suis mal à l'aise, on me tient n'importe comment et j'ai peurde tomber. Je crois que je perds une chaussure. Les boutons de ma veste doivent être arrachés.
Je suis heureux.
C'est un moment-clé. Une étape qui rendra possible tout le reste :
la perestroïka, la réunification de l'Allemagne, le départ des troupes soviétiques...
On oublie aujourd'hui le rôle pionnier de Solidarnosc. Pourtant,
ce n'est pas Gorbatchev qui a fait crouler le mur de Berlin.
S'il n'avait pas été forcé,
il n'aurait rien fait.
Le grain de sable, ce fut moi. »

Lech Walesa

L A moustache est moins conquérante. Elle a fondu, blanchi et dégringolé jusqu'au menton, peut-être pour dessiner le bas d'un visage perdu dans quelques plis. Le teint est rougeoyant et le regard, réputé si malicieux, a choisi ce matin d'être froid. Non, polaire. L'électricien de Gdansk, qui recevait naguère avec chaleur les nombreux visiteurs qui frappaient à son petit appartement de deux, puis quatre pièces, enfermant les six, puis sept, puis huit enfants dans les chambres pour être plus tranquille et demandant à Danuta de servir café et friandises, paraît lassé des rencontres. Et de bien d'autres choses.

Il est de retour à Gdansk. Non pas à l'atelier de ses débuts, où une drôle de mascarade l'avait entraîné il y a un an devant flashes et caméras, le temps de démontrer l'urgence de voter une pension pour les anciens présidents de la République. Mais dans un bureau dépouillé, au rez-de-chaussée d'une grande bâtisse appartenant à la ville. Une petite plaque de cuivre, en haut du perron, signale simplement : « Bureau de Lech Walesa » et, en se penchant à la fenêtre, on doit voir se découper dans le ciel les grues décharnées et désormais immobiles des chantiers navals. Là où, l'été 1980, commença l'aventure.

D'un coup de menton impérieux, il a désigné un petit coin-salon où il s'est affaissé dans un fauteuil de Skaï.

« J'attends vos questions !
    – Laissez-moi d'abord préciser, monsieur le président...
    – Pas de préliminaires. Les questions !
    – L'esprit de cette série d'articles...
    – Vous ferez autant d'esprit que vous voudrez en écrivant l'article. Moi, je réponds à des questions. Problème numéro 1 !
    – Nous partons d'une photo...
    – J'accepte. Ensuite !
    – Une photo devenue mythique qui...
    – Problème numéro 1, j'ai dit !

– C'est simple : je vous demande de nous faire revivre cette photo.

– Moi, je travaille pour aujourd'hui et pour demain ; je ne regarde pas en arrière ; je laisse ce travail aux historiens !

– Alors, pourquoi avoir écrit deux autobiographies ?

– Parce que j'avais besoin d'argent, pas pour recevoir le Nobel de littérature.

– Vous ne conservez pas de photos ?

– J'en ai des milliers chez moi que je vais donner à Czestochowa, où sont déjà mes médailles, plus nombreuses que celles de Brejnev. Si je les portais, on devrait me soulever avec une grue !

Tout cela, c'est du passé ! »

La rencontre avec Walesa n'a décidément rien d'un pas de danse. C'est une joute, un tournoi. Et c'est, bien sûr, lui qui mène. Il provoque, attaque, esquive, résiste. Et gouaille. Rugueux et déroutant, autoritaire, méfiant. Il joue à Walesa, mais se caricature. Grossier à force de paraître tout d'une pièce. Pathétique, devant son bureau vide, à vouloir à tout prix incarner les leaders : « Je suis un homme d'action : je résous les problèmes ! » Obsédé par une foi religieuse portée comme un blason qui gouverne sa vision du monde et ne lui laisse aucun doute sur le sort qui attend ses ennemis : « l'enfer ! » Lénine, Staline et toute la bande dont il a « fait éclater le système » l'expérimentent, selon lui, depuis belle lurette. Ce qui lui suggère cette mise en demeure délicate : « Faites du bon travail si vous ne voulez pas les rejoindre !»

Il joue les autocrates, parle fort, d'une traite. S'irrite quand on l'interrompt, s'agace quand on relance. Reste sur la défensive : « Vous aussi, vous croyez que j'ai perdu les élections, hein ? Les Occidentaux ne comprennent rien à rien ! » Blessé, amer. Furieux d'être piégé à parler du passé, lui qui a si peur qu'on l'y enterre. Mais tiraillé par le souci que l'histoire fasse justice à sa clairvoyance, son « flair », son doigté, son talent.

Qu'on sache au moins ce que la Pologne lui doit. Et ce dont elle se prive.

« Cette photo que vous avez en main n'est-elle pas spéciale ? –Solidarnosc ? Les statuts du syndicats enfin déposés à Varsovie ? Bien sûr que c'était un moment fort. Crucial même. Une belle unité, beaucoup d'espoir. Cela paraît simple aujourd'hui, hein ! Et pourtant... Sous cette façade de triomphe, je peux vous dire que ce jour-là, on était à deux doigts d'une révolution plus sanglante que la Révolution française ou la révolution bolchevique. Que l'instant était horriblement dangereux. Et que si j'avais agi autrement... »

L'oeil pétille. Lech Walesa s'anime. Ou plutôt il s'irrite, commente avec aigreur, corrige avec rancoeur : le cliché est trompeur. Il dit la joie, la force, la victoire. Le courage d'un peuple qui, tout entier, se dresse contre un système et revendique son droit à la parole, son droit à se défendre, son droit à décider de son propre destin. Mais il masque tout le reste, complice, analyse Walesa, d'une de ces réécritures de l'histoire qui, a posteriori, enferme les événements en une suite logique, cohérente, prévisible. Foutaise ! Il n'y avait pas de « sens » déterminé à l'avance. Et la page d'histoire était blanche. Tout n'était qu'improvisation, intuition, pari. « A tout moment, l'aventure pouvait basculer dans la guerre et le sang.»

Parce que la foule est dangereuse ; parce que l'unanimité est malsaine, parce que le plébiscite est à double tranchant. Parce que dix millions de personnes – « Oui, dix millions ! » – ont rallié, en quelques semaines chaudes de 1980, la bannière de Solidarnosc, confiantes dans son combat, ardentes et impatientes. Et que « dix millions, c'est magnifique et terrifiant ; c'est comme une déferlante qui peut tout écraser ». Tout pouvait arriver. La moindre erreur d'aiguillage se révélerait fatale. Moscou, bien sûr, veillait.

L'homme porté en triomphe n'était pas euphorique. L'ouvrier en costard n'éprouvait nulle griserie, convaincu qu'une charge de dynamite planait au-dessus des têtes et que chaque jour qui passait était arraché à la fatalité. Les Polonais se sentaient forts ? « J'avais, moi, la conscience aiguë du danger et de ma responsabilité. » S'il n'y eut pas de sang, pas de violence, pas la moindre vitre brisée, « si les dix millions n'ont pas commis d'erreurs, c'est parce que j'ai su orienter le mouvement et qu'en homme de foi j'y ai mis toute ma vie. Je parais entouré. Pourtant, comme aujourd'hui, j'étais un homme seul. A moi de sentir le vent, le moment, l'obstacle. A moi d'avancer, d'esquiver, d'anticiper, de sentir. Tout dépendait de mon libre arbitre. Et ce fut une victoire qui prit tout le monde de court. »

ET quelle victoire ! Si lumineuse, si définitive, si incontestable, qu'on oublie aujourd'hui sa genèse et son prix. « La petitesse des politiciens polonais n'a même de cesse que de minimiser mon rôle et l'importance de Solidarnosc dans ce qui fut l'événement le plus important de l'histoire contemporaine de l'Europe. On préfère m'imputer l'existence des gangs, des criminels et des mafias. C'est normal. Je suis toujours en avance et je fais de l'ombre. Les petits hommes n'ont pas d'ennemis. Ceux des hommes d'envergure se révèlent innombrables...»

La photo est entre ses mains, et il la regarde sans tendresse ; elle ne le surprend plus ; c'est comme une vieille compagne. Il esquisse un rapide sourire – le premier ! – en observant qu'il y est « plus jeune, plus beau... » et survole froidement les visages : « des amis et des proches ; ici, Tadeusz Mazowiecki, qui fut premier ministre grâce à moi mais qui est aujourd'hui fâché ; çà et là, des agents de la police secrète... ». Oui, la foule était enthousiaste, unanime, solidaire. Et comme elle avait confiance en son nouveau leader ! Un jour, bien avant ce 24 septembre 1980, il avait dit à des camarades : « Trouvez-moi des gars, je les conduirai. » Cela les avait fait rire. « Cela n'avait pourtant rien d'une ambition personnelle, écrira-t-il plus tard. C'est le rôle lui-même qui voulait de moi. »

Eh bien, voilà. On y était. Un mois après la plus grande grève de l'histoire de la Pologne et du monde communiste , le peuple tout entier suivait cet ouvrier électricien de trente-sept ans, vibrait à ses discours, riait de ses reparties, enfourchait ses défis et ses grandes espérances. Et lui lançait des fleurs, des baisers, et des diminutifs affectueux : « Leszek ! Lesio ! »... Il les entend encore, mais parle sans nostalgie. Il ne mange pas de ce pain-là. Le job d'ancien combattant est dénué d'avenir.

Gdansk, mai 1997

De toute façon, pense-t-il, la photo est un piège. Elle grossit le trait, se contente du visible, simplifie à outrance, contrainte de ne transmettre qu'un message à la fois. Elle choisit l'émotion là où, précisément, il fallait une tête froide pour saisir un contexte et s'en tenir aux faits. Elle grave les sentiments sans faire de distinction entre espérances et illusions, clairvoyance et aveuglement.

La photo de Varsovie affiche la cohésion ? Qu'on se garde bien de tout romantisme ! Qu'on se méfie, avertit Walesa, de ceux qui idéalisent cette image pour mieux reprocher au père fondateur de Solidarnosc d'avoir, depuis, disloqué la belle unité. Ah ! ce mythe du consensus et de l'unanimité ! « Où était alors le pluralisme politique ? Où était la démocratie ? Ce n'était pas normal, et même, c'était malsain. Il fallait bien qu'un jour des divergences apparaissent. Que la famille divorce, quitte à affronter des turbulences. Que le rabbin et l'archevêque réunissent chacun les leurs. Que tout le monde ait le choix et puisse trouver son camp. La masse dont j'étais le leader s'est totalement divisée. Eh bien, j'en suis fier. J'ai joué à fond le jeu de la démocratie. Et la dernière élection présidentielle consacre ma victoire. Oui, j'ai gagné. »

A-t-il perçu une once d'incrédulité dans le visage de son interlocutrice ? Le voilà qui s'énerve. « Vous pensiez que j'avais perdu ? On dit pareil en Pologne ! C'est archifaux. Lénine et Staline ont su garder le pouvoir, mais leur régime s'est effondré. Moi, j'ai perdu le pouvoir, mais mes valeurs ont triomphé. En perdant... j'ai gagné ! »

C'est à ses choix ultimes qu'un leader se révèle : une idée ou une carrière. « Moi, j'ai choisi l'idée et sacrifié ma carrière. J'ai offert ma victoire à la démocratie. En acceptant pacifiquement l'alternance, la Pologne est devenue normale. » Dommage, ajoute-t-il, que le « camp des malhonnêtes » (les postcommunistes) ait été le plus prompt à se structurer et à tirer son épingle du jeu de la démocratie, avec argent, réseaux et artifices. Mais c'est ainsi. Aux autres de se ressaisir.

Lui, comme le jeune homme de la photo, est à la disposition du pays. N'est-ce pas « par patriotisme » qu'il avait consenti à devenir président ? Il pense ne pas avoir changé, mais certainement avoir beaucoup appris : « La preuve : on m'a attribué soixante-dix doctorats et l'on m'a nommé professeur ! Moi, l'ouvrier qui n'a jamais fait d'études supérieures et qui s'est formé sur le terrain ! Croyez-moi : les grèves, les discours, les discussions avec les chefs d'Etat, les politiques, les militaires, les campagnes et les bras de fer valaient bien n'importe quel concours d'entrée dans une grande école ! On m'a posé toutes les colles possibles. Les tests étaient grandeur nature. Et devant quel jury ! »

La vierge de Jasna Gora, bénie par le cardinal Wyzynski, figure toujours à la boutonnière de son veston et, chaque matin, il suit la messe. Les sondages de popularité le créditent d'un score désastreux. Cela ne le gêne guère. « Si je considère que c'est indispensable, je redeviendrai président. Il suffit que je le veuille, vous savez. Car viendra le moment où les gens se lasseront de ces politiciens qui se griment, gardent leur ligne et se poudrent pour passer à la télévision. Le maquillage finit toujours par couler. »

Mais il n'y a pas d'urgence. Car Lech Walesa, pour le moment, prend grand plaisir à voyager. Il revient d'Argentine et repart en Corée, se pose un jour ou deux à l'Institut Lech Walesa de Varsovie, inspiré des fondations américaines initiées par d'ex-présidents et de la Fondation Gorbatchev. Il dévore la presse, donne quelques conférences, s'alarme publiquement du recul des valeurs morales et chrétiennes, réfléchit à une initiative qui galvaniserait la jeunesse. Et fonce à Gdansk retrouver sa famille. « Il était temps que je revienne. La moitié des enfants est partie. Et ma femme s'est accaparé le pouvoir !»

Il les a négligés. C'est le seul regret – « une souffrance » – qu'il confesse. Ses fils ont un peu le complexe de leur père. « Les enfants veulent toujours être meilleurs que leurs parents. Et là, c'est franchement difficile à faire. » Il a du temps à rattraper (prière, donc, de ne pas s'attarder). Et des résolutions prioritaires. « Etre un bon père et un bon grand-père ; un bon mari, un bon amant. »

La Marianne de mai 68

PARIS, QUARTIER LATIN

JEAN-PIERRE REY / RAPHO

« **On est en route vers la Bastille.**
Je viens de grimper sur les épaules
d'un copain. On demandait quelqu'un
pour porter le drapeau et moi,
j'avais si mal aux pieds à force de
piétiner que j'ai saisi l'aubaine.
Je n'aurais voulu ni du drapeau rouge
à cause des communistes qui ont
saboté le mouvement ni du drapeau
noir, car je ne connais rien aux
anarchistes. Mais le drapeau
vietnamien me convient comme le
symbole d'une guerre que toute la
jeunesse dénonce.
Soudain, je sens plusieurs objectifs
braqués sur moi. C'est incroyable, il
faut toujours que je les repère !
Une sorte de flair, je suis
mannequin... Alors, j'ai comme un
réflexe professionnel.
Instinctivement, je me redresse,
mon visage se fait plus grave,
mon geste plus solennel. Je voudrais à
tout prix être belle et donner du
mouvement une représentation à la
hauteur de ce moment. Au fond,
je prends la pose. Et je suis piégée par
cette pose. Parce que d'un coup
l'émotion me gagne : cette foule qui
converge, juste, ardente, lumineuse,
avec toutes ces bannières, et ce
symbole si lourd au bout de mon
bras... Je deviens exactement ce que
j'essaie de paraître. Je ne joue plus
aucun rôle, je suis à fond dans le
mouvement et dans l'instant, et
consciente, moi, l'aristo anglaise,
d'une responsabilité. »

Caroline de Bendern

Q UAND il découvrit la photo dans la presse internationale, le comte de Bendern eut un choc effroyable. Là, juchée sur les épaules d'un inconnu, sa petite-fille Caroline, son héritière et son espoir, bafouait son rang, son titre et les valeurs que, en vain, il lui avait fait enseigner dans les meilleurs collèges anglais. Là, brandissant un drapeau, impériale et splendide, elle s'exhibait scandaleusement dans les rues de Paris, telle une fille du peuple, une Marianne issue des barricades, une égérie de la révolution. Elle était grave, ardente, elle avait l'air d'y croire, entourée de hippies, d'anarchistes, de minables. La sotte ! Il en tremblait de rage.

Comme elle l'avait trahi, lui et cette aristocratie européenne au sein de laquelle il la prédestinait à un mariage royal ! Et comme elle l'humiliait dans ce cliché inouï que certains commentateurs comparaient au tableau de Delacroix, La Liberté menant le peuple, et qui officialisait l'outrage. C'était pire qu'une provocation. C'était impardonnable. Alors le vieil aristocrate viennois, dont François-Joseph avait fait un baron, la reine Victoria un Anglais, Churchill un ami, la Chambre des communes un député et le prince du Liechtentstein un comte, reprit avec furie son testament. De sa fortune, de ses titres, de ses demeures splendides éparpillées en Europe, Caroline la rebelle ne verrait jamais rien. Pour une photo, il la déshérita.

« "You're cut off ! ", m'a-t-il dit (" Je te coupe les vivres ! "). Et dès lors, et jusqu'à sa mort l'année suivante, il refusa de me voir. Tant pis, me suis-je dit. Je ne voulais pas de la vie qu'il me préparait ; me voilà au moins libre de choisir celle qui me chante... Voulez-vous du thé à la menthe ? »

Pendant que l'eau chauffait dans une grosse bouilloire, elle a disposé deux verres et des biscuits anglais sur un petit plateau de fer. Et puis, dans un jardin désordonné, elle est allée cueillir quelques feuilles de menthe qu'elle a fait infuser avant de sucrer le thé. Elle était concentrée sur ses gestes, silencieuse soudain, peut-être un peu anxieuse de ce voyage dans le temps qu'impliquait ma visite. Etait-elle prête à ce vagabondage ?

Je l'observais à contre-jour dans sa cuisine fourre-tout. Le profil était le même que sur la photo, fin et doux, cerné par un cheveu plus long, qui tombait sur le visage. La peau claire s'était un peu fanée, abondance de soleil, ou absence de sommeil, ou accumulation des ans. Mai 68, c'était il y a près de trente ans. Le jean était troué au-dessus du genou, les baskets avaient visiblement un usage quotidien, et le rire puéril confirmait l'image d'une grande adolescente encore un peu timide, encore un peu bohème, qui se serait flétrie. Sans quitter son enfance.

Elle proposa de s'installer dans le jardin où un soleil printanier pointait quelques rayons précoces. Et puis, elle s'enquit du jeu de piste qui, tant d'années plus tard, avait permis de retrouver sa trace. Ah ! C'était une longue histoire. Les témoignages étaient anciens et rares et le jeune homme qui la portait le jour du défilé (certaines photos montraient bien son visage) n'avait aucune information récente. Deux indices cependant : l'Afrique, le jazz. C'était énigmatique, mais je découvris vite que la jolie Marianne, dont Life et Paris Match firent leur couverture avant des centaines de reprises , n'était pas inconnue d'un petit cercle de « fondus » du jazz. On l'avait vue à un concert, elle était proche d'un musicien... La piste finit par mener droit à elle, dans un petit village de la proche Normandie.

ELLE rit. « Peut-être devrais-je remercier mon grand-père. Il m'avait ôté toute entrave. J'ai foncé dans le jazz. » Du bout de la maison, là où les persiennes sont closes, parviennent, assourdis, quelques sons de batterie. Le compagnon de Caroline répète dans son studio. « Il y a tant de sincérité dans cette musique que ses artistes ne peuvent qu'avoir la vie dure », dit-elle à mi-voix, sans s'appesantir. Dans un grand classeur noir, elle a rangé quelques coupures de presse reprenant la photo de 68, en français, en anglais, en italien. « C'est étrange, vous savez, d'être sans cesse renvoyée à cet épisode de ma vie où une image me fige pour toujours. Cela fausse la hiérarchie et l'ordre de ma mémoire, comme si ma jeunesse, mes rêves, mes élans tenaient tout entiers dans ce cliché-là. Mais il est trop étroit pour contenir tout ça ! Il dit une vérité, il oublie toutes les autres. C'est moi et ce n'est pas tout moi, juste une image de moi, pas mon miroir... Une photo prise quelques secondes plus tôt me montrait rieuse, légère, insouciante. C'est l'autre qui fut choisie. Et je devins symbole. » Symbole d'une époque, symbole d'une jeunesse ; symbole d'aspirations à la fois romantiques et révolutionnaires, qui voulaient « interdire d'interdire » et jugeaient raisonnable de demander l'impossible.

Y aurait-il malentendu ? « Non, s'empresse-t-elle de répondre, la photo ne ment pas. J'étais en effet jeune et en rébellion, je montais les barricades et j'adhérais totalement au mouvement. C'est pour cela qu'elle sonne juste. » Aucune bévue alors ! « Aucune, si ce n'est que je n'étudiais pas à la Sorbonne, mais que j'étais mannequin et anglaise ; que je me fichais de la politique française puisque c'est l'humanité tout entière qui me préoccupait. » Anglaise ? C'était là l'origine de ce léger accent ?

Anglaise, oui. Née à Windsor, au début de la seconde guerre mondiale, d'une mère écossaise – « La famille de l'amant d'Oscar Wilde, vous voyez ? » – et d'un père anglais, fils du fameux comte de Bendern, alias baron de Forest, qui, furibond, le renia le jour où il commit la faute de se marier en secondes noces avec une roturière. C'est donc sur Caroline, sa préférée parmi ses petits-enfants, qu'il misa pour perpétuer sa dynastie et transmettre sa fortune. Il prit en charge son éducation, l'inscrivit en pension « dans des châteaux de vampires » et les collèges huppés d'Angleterre d'où elle se fit prestement renvoyer. « Je n'avais pas de chance, je voulais être un ange, mais les bonnes sœurs s'arrangeaient à la moindre fête pour me grimer en diable. Cela a fini par déteindre. J'ai lancé un défi à une copine : laquelle de nous sera la pire ? On a fait match nul. » Le grand- père ne se décourage pas qui envoie la jeune fille à Vienne pour la lancer dans le circuit des cours et grandes familles d'Europe. Il rêve même d'une alliance avec l'ex-roi de Yougoslavie. « Une rencontre, chez une amie, fut organisée, je devais lui sourire et faire la révérence, mais je ne l'ai pas reconnu. Il a été vexé. J'ai toujours gaffé. »

Pour avoir la paix, Caroline affabule, rassurant son bienfaiteur par des récits de bals et de cocktails mondains alors qu'elle ne fréquente qu'artistes et musiciens. C'est le prince du Liechtenstein qui, un jour, vend la mèche : pas un salon, dit-il, où l'on ait rencontré l'héritière de Bendern. Le comte dégringole et lui coupe l'argent de poche. Et la jeune femme part à Paris, gagne sa vie comme mannequin, puis s'envole pour New York, fréquente Andy Warhol, Lou Reed, croise Otis Redding. « C'étaient les prémices de mai 68, on fourmillait de rêves, le monde s'ouvrait à nous. La jeunesse se sentait forte, inspirée, impatiente. Tout était prétexte à créer. » De retour à Paris, elle gravite dans le milieu des artistes, participe à trois films « subversifs » dont un Détruisez-vous qui propose notamment de « faire sauter les prisons ». Elle fourmille de projets. « Cette époque était passionnante. »

Alors est arrivé le joli mois de mai. La confusion, les défilés, un grand brassage d'idées. « Je vivais au jour le jour, je courais un peu partout écouter des discours, construire une barricade, j'étais très excitée. J'ai entendu Godard, j'aimais bien Cohn-Bendit, quelques slogans maos, et le visage de Che Guevara... Le soir de la grande manif, je me suis retrouvée sur les toits. Le ciel était rouge, et en bas, il y avait des voitures en flammes, des CRS casqués, des nuages de fumée comme si Paris brûlait. C'était amusant. Car ce n'était pas une vraie guerre, nous n'avions pas de haine, rien n'était dramatique. Alors qu'aujourd'hui, si une révolution de ce genre s'enflammait, ce pourrait être horrible. Les jeunes ont de vrais soucis. Et puis des gens ont faim. »

La photo ? « C'est en juin, en Italie où j'avais trouvé un petit job, que je l'ai découverte dans un kiosque, à la « une » d'un journal. Ce ne fut pas un choc, j'avais l'habitude des photos, je l'ai trouvée pas mal et je l'ai mise dans mon book de mannequin pour la montrer aux agences. L'effet fut désastreux. »

Mais Caroline s'en moquait. Elle se sentait des ailes, une liberté planante. Elle était amoureuse d'un musicien de jazz. Et passée l'explication orageuse et définitive avec son grand-père, ils partirent pour l'Afrique. « Les autres allaient en Inde. Nous, nous rêvions de la brousse, de déserts, de savanes, de rythmiques tribales. L'idée était de tourner un film entre Tanger et Zanzibar. Nous sommes partis avec une douzaine d'amis, trois Land- Rover, une caméra, des magnétos, des instruments, des cantines et deux mangoustes pour éloigner les serpents. A la fin, nous n'étions plus que trois et avions tout perdu. Notre associé avait reçu un message d'Allah lui commandant de jeter dans le Niger sa caméra. Il avait pris la direction de Tombouctou pour devenir marabout ! »

Normandie, avril 1997

L'expédition foira. Mais Caroline avait découvert le swing qui réchauffe le coeur et au retour, il n'était question que de musique. Barney Willen, son compagnon, fonde un groupe, enregistre un disque en mêlant à son jazz la musique africaine enregistrée sur place. Caroline chante, écrit des paroles. Ils repartent en Afrique, vivent avec les Peuls, enregistrent les sons, les danses, reviennent, repartent, se heurtent à un coup d'Etat, et puis se posent à Monaco où Barney lance « le jazz mobile » ou jazz itinérant. L'expérience tourne court quand un élu part avec la caisse... Caroline a quitté Barney mais rencontré un autre musicien, Jacques Thollot, « enfant prodige du jazz ». Ils expérimentent des rythmes, se passionnent pour les musiques du monde, travaillent, enregistrent, se heurtent « au cynisme et au conformisme d'un show-biz qui préfère rééditer sans fin Claude François plutôt que de donner leur chance aux créateurs ». Il y a des concerts, des espérances, des déprimes. « Une mafia dirige la culture ! »

LE soleil a fui et le soir est glacé. Nous trouvons refuge dans un salon aux murs blancs, avec quelques réminiscences d'Afrique. Caroline, silencieuse, allume un feu. Que fait-elle aujourd'hui ? Elle esquive, son regard clair est un camaïeu d'émotions. Disons... Des films sur les concerts de Jacques, qu'elle monte, complète, peaufine interminablement. « Ça pourrait s'appeler des archives... » Des Mémoires auxquels elle s'est attelée pour explorer « entre autres » les secrets de son extravagante famille. Et puis des rêves de voyages lointains dont elle n'a pas les moyens. « Drôle d'époque, dit-elle dans un sourire sans joie. On sent une torpeur, une stagnation, une résignation. Et Le Pen qui progresse... » Il est tout ce qu'elle exècre. Au fond, tout en se défendant d'être « soixante-huitarde », elle est restée fidèle. Parfois, elle surprend, à la télé, le visage d'un ancien camarade, grossi, content, reconverti et arrogant. Cela la dégoûte un peu. Elle se souvient de quelques proches qui ont payé de leur vie leur soif d'absolu et d'expériences intenses, y compris par la drogue. « Lesquels ont eu raison ? Ceux qui ne risquent rien dans une vie étriquée ou bien ceux qui s'exposent ? » Sa question est évidemment une réponse. Ses blessures sont secrètes.

Elle a choisi la liberté. C'est tout son héritage. « La fortune de mon grand-père m'aurait interdit la vie que j'ai menée. Etre riche, vous savez, est une aliénation. » Elle sait aujourd'hui ce que c'est de ne pas l'être. Pas d'amertume, affirme-t-elle. Aucun regret. Juste un soupçon de révolte, parfois, quand une énième publication lui rappelle qu'elle ne touche aucun droit sur la photo qui la déshérita. « Tout de même, ce n'est pas très juste... »

Le martyr du Kosovo

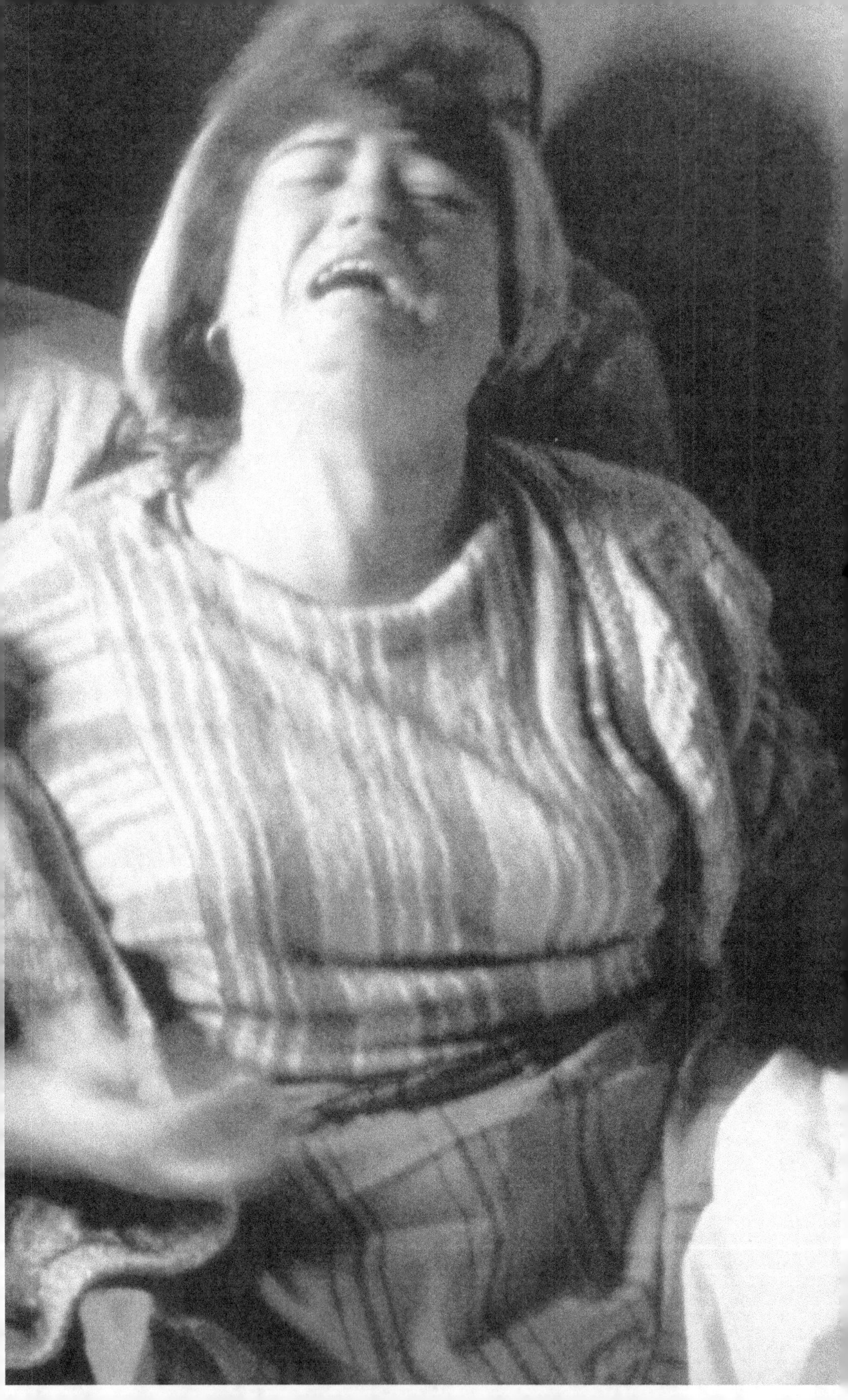

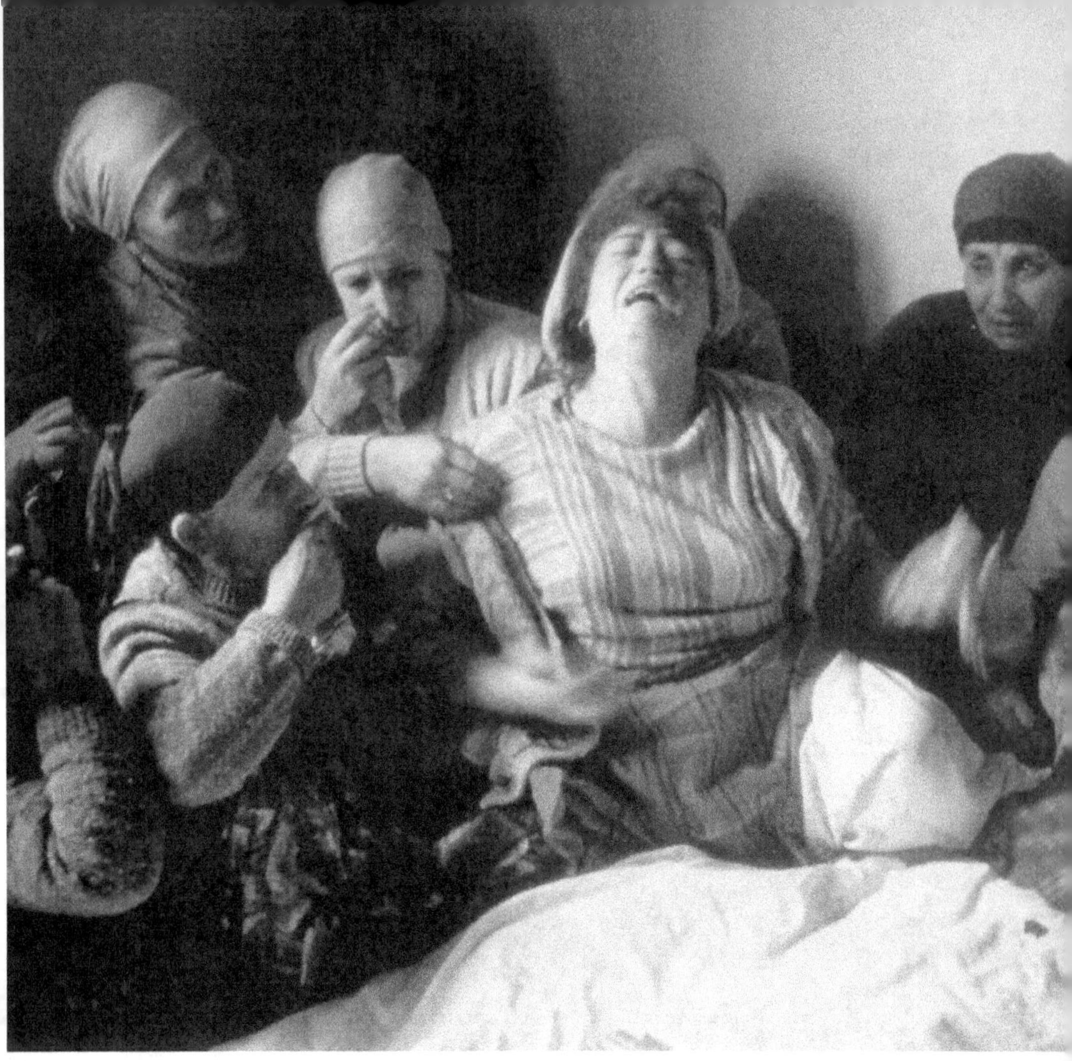

KOSOVO, NAGAVC

GEORGES MERILLON / GAMMA

« **J'étais inquiète l'autre soir** quand mon frère est rentré tard d'une réunion. Mais je savais combien la cause du Kosovo lui tenait à coeur. Alors, au petit matin, je lui ai demandé : " On va l'avoir cette liberté ou pas ? " Il m'a souri gentiment : " Bientôt ! "

Je l'ai accompagné jusqu'au portail. Il courait une fois de plus à une manifestation.

Et je me suis dit que j'avais un frère formidable !

Je me rappelle que lorsque j'avais sept ans, la famille s'était réunie à l'occasion de son départ au service militaire. Et soudain, la police serbe avait encerclé la maison et s'était mise à fouiller partout, à la recherche de matériel de propagande. Nasimi avait craint qu'elle ne casse tout. "Arrêtez !", avait-il crié.

Et il lui avait remis des cassettes, des tracts, et une banderole sur laquelle était écrit : "Kosovo-République ". Ils l'ont arrêté aussitôt. Mais je n'avais pas peur. J'étais tellement fière d'avoir un tel frère !

Et on l'a tué. Pourquoi ? Oui, pourquoi ? Il était juste, courageux, il défendait son peuple.

Le voilà devant sa famille, inerte, livide, avec son beau visage et là, sous le menton, le petit drapeau du Kosovo qu'a déposé sa femme. Il ne peut pas y avoir de meilleur frère. Il n'y a pas non plus de plus belle mort que celle pour la liberté. »

Aferdita Elshani

L ES champs de maïs défilent sous une lumière soyeuse, et puis des herbes sauvages, des parcelles biscornues, des plantations de poivrons, des vignes à l'abandon, et à nouveau des friches. La route est lisse et vide et file vers l'intérieur. Des collines. Des mamelons doux et ras, des villages minuscules agrippés sur le flanc. L'horizon est pastel, des filaments de nuages cannellent un ciel laiteux. Derrière la montagne, au loin, et son halo bleuté, l'Albanie est cachée.

La route se fait piste, et la voiture s'ébroue sur les rythmes orientaux d'une chanson populaire. Prière de s'accrocher. C'est le prix à payer pour s'infiltrer doucement dans une photo immense qui, à force d'être tableau, a perdu ses racines, son histoire, son contexte politique et même de sa violence. Une photo hors du temps, hors du siècle, qui dit la tragédie, mais pas la vérité, et dont le réalisme s'est mué en beauté. Se peut-il que ces femmes aient un jour existé ?

Un nuage de poussière, mieux vaudrait ralentir, le chemin est bloqué. Un motoculteur tirant une carriole remplie de poivrons jaunes vient de croiser un cheval tractant une charrette pleine de femmes et d'enfants. L'animal, c'est normal, a la priorité, et passe en majesté, aussi indifférent que ses passagers silencieux aux regards de charbon. Ma vitre est grande ouverte, mais personne ne consent ne serait-ce qu'un regard. Et le cheval s'éloigne avec son équipage. Longtemps je me retourne. Ces fichus, ces couleurs, ces visages mats, cuivrés, ces jupes longues et drapées dans des étoffes diverses... La direction est sûre. J'aborde le continent où fut prise la photo.

Elles sont là quelque part, ces femmes qui pleurent un mort. Dans un de ces villages ombragés, tassés près de leur vieille mosquée. Elles sont forcément là, dans ce Kosovo au destin si cruel, sur cette terre si pauvre, peuplée essentiellement d'Albanais, que Tito avait rendue autonome, mais que Milosevic, dans son délire nationaliste, a annexée à la République de Serbie et maintient sous son joug. C'est d'ailleurs la raison de leur deuil : le jeune homme fut tué par la police serbe lors d'une manifestation pour l'indépendance du Kosovo. C'est là tout ce que je sais.

Nous traversons Rahovec, petite ville poussiéreuse. Tout à l'heure, à la terrasse d'un café, des hommes à moustache sombre ont regardé la photo. Elle est passée de main en main dans un silence épais. Et puis, elle a refait un tour. Ils ne s'en détachaient pas. Ils ne l'avaient jamais vue qu'à la télévision, incluse dans le générique d'une émission d'information albanaise. Ils ont hoché la tête et l'ont rendue sans rien dire. Je crois qu'ils auraient bien aimé en garder une copie. La voie devient chaotique. C'est celle qu'a empruntée le jeune homme, ce 27 janvier 1990, pour se rendre à pied, avec un groupe d'amis, au rassemblement de Rahovec. Et c'est dans ce virage que la police a organisé l'embuscade.

« J'ai bien vu, moi, tout ce qui s'est passé ! Les garçons qui arrivaient de différents villages, mains dans les poches, très calmes. Et les policiers, cachés dans les buissons et sur les bas-côtés. Ils n'ont même pas fait de sommation, ils ont tiré dans le tas. Quatre morts, trente-deux blessés. Les gaz lacrymogènes ont intoxiqué ma famille pendant plusieurs jours. » Le vieillard n'a plus de dents mais une bonne langue et toute sa tête. Sa maison domine le chemin. Depuis, il a construit un mur mais offert un bout de terre pour ériger un oratoire en souvenir des « martyrs ». « La police interdit tout rassemblement sur le lieu et a même ordonné que je retire la plaque. Vous pouvez m'arracher la tête, ai-je dit, je continuerai de respecter les morts ! » Je lui montre la photo. Bien sûr, il la connaît : « Nasimi Elshani, né le 25 mars 1962. Les femmes de sa famille viennent en voiture à cheval allumer des bougies. »

Les femmes de sa famille... C'est qu'elles ne doivent plus être très loin maintenant, éparpillées tout juste sur trois à quatre villages et un périmètre grand comme un mouchoir de poche. Travaillent-elles aux champs ? Préparent-elles la cuisine ? Grondent-elles leurs enfants ? Font-elles de la politique ? Je m'aperçois que je n'ai rien imaginé. Comme si, en captant un instant de leur vie que le flux normal du temps aurait dû emporter, la photo les avait piégées dans une pose éternelle, presque désincarnées. Imagine-t-on frapper chez la Joconde ou trouver dans son salon la Dentellière de Vermeer ?

POURTANT, la maison est là, juste derrière les arbres. Des amis sont allés prévenir la maman, cette femme à fichu clair, à droite de la photo. C'est que le père, depuis la mort de son fils, a un peu disjoncté, voit la police partout, fait de la paranoïa. Et pleure. Pleure pendant des journées. Mieux vaut donc, en attendant, entrer dans la maison voisine, des cousins à ce qu'on dit. Se déchausser, parler avec les femmes qui jugent nécessaire d'assister à l'entretien, boire un café turc, puis un soda, accepter quelques chocolats. Jusqu'à ce qu'arrive la mère, à l'allure de gitane, tenant par la main un petit garçon blond. « Le fils de Nasimi », chuchote-t-on à mon adresse. L'enfant salue, très raide, et rejoint le coin des hommes, assis en tailleur au fond de la pièce. « Va jouer dehors ! », commande la grand-mère. Et, se tournant vers moi : « Je ne lui parle pas encore de son père. Il n'avait que trois mois quand Nasimi est mort. Mais il s'appelle Nantor (Novembre) en l'honneur de grandes manifestations qui eurent lieu ce mois-là et d'une fête nationale du Kosovo. »

Elle soulève la photo que je n'osais lui montrer. La beauté du cliché en adoucit le réalisme. Mais se peut-il qu'elle anesthésie également l'émotion ? Elle sait que l'image a voyagé de par le monde, remporté un grand prix (le World Press) et fait de son fils un héros. C'est bien, dit-elle, que la presse internationale donne un nom au jeune mort et parle du Kosovo. Car ce fils, voyez-vous, n'était pas ordinaire. « Dans tout le village, il n'y en avait pas un comme le mien. » C'était un généreux, un doux, un idéaliste, « qui n'avait d'autres buts que d'arranger la situation du Kosovo ». C'était un poète, un être joyeux, sociable, qui avait « des centaines d'amis » et ne s'est jamais battu. Un courageux, curieux de tout, qui, tout petit, « ignorait la peur, et courait seul, nuit et jour, dans les forêts et dans les champs ». Et puis, ajoute la mère, « il était très beau, très costaud... ». Et Nasimi prend corps, et Nasimi, quelques instants, revit. Il emplit toute la pièce, les hommes, les femmes parlent de lui. Des voisins arrivent qui allaient avec lui à l'école et confirment : oui, le garçon rayonnait. Un jeune homme l'aimait tant qu'il a écrit sur lui un poème de quatre-vingts strophes, à lire sur sa tombe une fois l'an. Nasimi le conseillait sur ses études et lui passait des livres de littérature albanaise, interdits par le régime. C'est qu'il lisait tout le temps, Nasimi, dans une maison où personne n'avait appris à lire. Il écrivait des poèmes sur la nature, la mort, la patrie, les lisait à sa mère qui ne comprenait pas toujours mais les garde jalousement.

De ses mains, il savait apparemment tout faire et « épatait » son entourage dès qu'il s'attelait à la moindre construction. Il cultivait fruits et légumes dans la petite ferme de ses parents et refusait farouchement de partir en Suisse, comme ses deux frères et de nombreux gars du village, pour trouver un travail plus rémunérateur. Il rêvait d'enseigner l'anglais, qu'il avait étudié, mais il était exclu de trouver un travail et « la prison avait compromis ses études ». La prison ? « Oui, par deux fois il fut emprisonné en Serbie. Près de trois ans en tout. » Mais qu'avait-il donc fait ? « Il avait écrit dans le village : "Kosovo-République". »

L'assistance se recueille. Y a-t-il parmi elle une seule personne dont un proche n'ait été interpellé, emprisonné ou torturé par la police serbe ? Y en a-t-il une seule qui n'ait été personnellement humiliée, harcelée, menacée pour avoir écouté une cassette de musique populaire, esquissé un « V » de la victoire, prêté un local pour l'école parallèle albanaise ou distribué ostensiblement des exemplaires de Bujku, ce journal provincial qui reprend glorieusement le flambeau d'un titre fermé autoritairement en 1990 ? « Peuple interdit », clame l'écrivain Qosja...

Nasimi Elshani ne l'acceptait pas. Il se tenait informé, suivait ardemment les réunions de la Ligue démocratique du Kosovo, participait aux manifestations. « La veille de son mariage, se souvient sa mère, alors que les invités et l'orchestre étaient

Sabrie Elshani, la mère.
Ryvije, la fille ainée.
Aferdita et Nantor, le fils de Nasimi

déjà arrivés, il manifestait à Pristina ! On félicitait la mère, mais je disais : " A quoi bon ? Mon fils est en guerre ! Comment savoir s'il reviendra ? " J'avais peur à chaque fois ! » Alors, quand, ce jour glacé de 1990, elle a aperçu, devant le porche de sa cour, un groupe d'hommes au regard fou, à l'allure hésitante, elle a tout de suite compris que la mort avait fauché Nasimi. Et elle a hurlé.

« Malheureuse mère ! Oh ! Malheureuse mère qui voit la mort de son enfant ! Comment, mon fils, peux-tu rentrer comme ça ? » Elle a ouvert la porte de sa maison, indiqué la chambre du garçon, dégagé les livres éparpillés sur le lit et laissé son neveu installer le jeune homme tandis que les voisins, les cousins et ses soeurs arrivaient en courant. La coutume aurait voulu qu'on l'enterre le jour même. Mais elle n'a pas voulu d'un enterrement à la sauvette. Les hommes ont pris le relais des femmes pour le veiller la nuit, et, le lendemain matin, dans une lumière d'hiver, les femmes, de nouveau, l'ont pleuré.

Près de la tête du mort, sa mère, Sabrie, qui voudrait l'enlacer. Tout autour, ses quatre soeurs : Aferdita, la plus jeune (à droite de la photo), qui avait juste seize ans ; Ryvije, l'aînée (au centre), que ses tantes et belle-mère cherchent à apaiser ; les deux autres leur font face. Au pied du lit, sa femme, absente de la photo. « Elle n'avait pas vingt ans, on connaissait bien sa famille, mais elle vivait chez nous et devait continuer à le faire après la mort de mon fils. Elle s'est bien occupée de moi. Mais ce n'est pas facile pour une si jeune femme de dépendre de ses beaux-frères. Elle s'est donc remariée, vit aujourd'hui en Suisse et revient chaque année en vacances où elle peut voir son fils... Bien sûr que c'est moi qui l'élève ! Un petit doit grandir dans la famille de son père. »

C'est dans une autre maison que je rencontrerai les soeurs. Ryvije d'abord, qui a les cheveux blancs, pleure devant la photo, se dit « brûlée à vie ». Elle a cinq grands enfants, un mari qui gagne un salaire correct « en travaillant en Suisse sur un marteau-piqueur », mais ne trouve plus aucun intérêt à la vie. « J'ai marié mon fils sans plaisir. Je n'ai de goût à rien. La situation du Kosovo se détériore sans cesse, la police continue d'abattre des gens et le monde nous oublie. Ma douleur s'arrêtera le jour où je serai près de Nasimi. » Ses larmes silencieuses coulent sur la photo. Je voudrais arrêter ; pardon, pardon de vous importuner. Elle pose sur moi son regard humide. « Je souhaite que mes fils aient le courage de leur oncle. C'est le peuple tout entier qui devrait défendre la liberté du Kosovo. » Alors est arrivée la jeune Aferdita. Oh, comme elle a changé ! L'adolescente a maintenant vingt-trois ans et porte un fichu noir, comme sa jupe, comme ses yeux. Mais quelle force dans son visage, quel feu dans son regard ! Elle occupe tout l'espace, les invités ne voient plus qu'elle. « Elle tient de Nasimi », murmure un voisin. Elle entretient assurément la flamme. « Je ne suis pas de ces femmes qui aiment rester à la maison. J'aime très fort la liberté. Un jour, je foncerai... » Je n'en saurai pas plus. Elle sait être prudente et elle a des devoirs. Elle s'occupe de Nantor, parfois elle dit « mon fils ». Elle gardera le deuil et le célibat jusqu'à ce qu'il soit grand. Alors ce sera lui qui reprendra le flambeau.

La cène de Washington

WASHINGTON, MAISON BLANCHE

LEIGHTON MARK / UPI / MAX PPP

« C'est un moment historique :
je signe la « paix des braves » avec M.
Rabin, mon partenaire dans le
processus de paix. J'utilise
l'expression choisie par le général de
Gaulle lorsqu'il a fait la paix avec
l'Algérie, car elle me plaît. Et c'est
d'ailleurs sous ce nom que l'accord
restera connu : c'est la « Paix des
braves ». C'est moi qui, le premier, ai
tendu ma main vers Rabin. Il a hésité
un moment, comme tout le monde se
souvient, mais j'ai gardé la main
tendue et j'ai dit : " Serre-moi la
main. " Oui, j'ai dit moi-même :
"Serre-moi la main." Alors il l'a
serrée, et c'est à ce moment-là que
j'ai senti que notre espérance, notre
résolution de paix prenaient corps, et
que nous commencions une nouvelle
histoire. Il n'y avait aucun risque qu'il
refuse cette main tendue. Nous
savions tous les deux pourquoi nous
étions là. Et Rabin était un soldat.
Comme moi. Les soldats
comprennent le sens de la guerre et le
sens de la paix. Pour nos enfants et
les enfants de nos enfants. Pour les
générations à venir en Israël, en
Palestine et dans toute la région.
C'est à mes camarades martyrs,
assassinés sur le chemin, que je
pense. Ce sont les seuls que je
voudrais en ce moment près de moi.
J'aurais aimé qu'ils me voient serrer la
main de Rabin. Je sais qu'ils auraient
compris. C'est avec eux que je l'ai
faite, la paix des braves. »

Yasser Arafat

O N dirait un trucage. Une image de synthèse. Une photo rêvée par un idéaliste et fabriquée par un virtuose des images virtuelles. Encore auraient-ils hésité devant tant de perfection, et renâclé peut-être à l'imagerie religieuse, comme à cette voûte en arrière-champ, qui confère à l'image l'allure d'une icône. Trop c'est trop, aurait tranché l'artiste...

Au centre, tel un Christ rédempteur, un président américain au sourire bienveillant et aux bras protecteurs accueille dans son giron deux pécheurs, deux frères ennemis contrits, un Arabe et un Juif, qui scellent enfin la paix. Il est le père, il est l'arbitre, il est la référence, il est la garantie. Il unit et pardonne, généreux, indulgent. Le costume est foncé, il se doit d'être sobre. Mais la cravate, pièce centrale à la croisée des mains, est un hymne à la joie : mille trompettes en or y rappellent la salve de Jéricho qui ébranla un mur jugé indestructible. Le président l'a choisie à dessein.

Dans l'arc de cercle formé par les bras grands ouverts, deux hommes forts différents, plus petits – cela tombe bien pour l'image –, plus âgés que le premier – c'est parfait pour le sens – , qui incarnent un conflit plus ancien que le siècle. L'un est souriant, radieux, qui a le bras tendu et broie la main de l'autre. Le second a le sourire crispé, le geste plus retenu. Et son malaise, si sensible à l'image, rend la scène plus puissante. Ce n'est pas entre amis que l'on conclut la paix. Ces deux-là sont ennemis. Leurs deux mains enlacées ont signé des ordres de bataille et tenu des fusils. Ils se sont combattus, ils ne se feront pas de cadeaux. Le réalisme glacial qui, ce jour, les conduit l'un vers l'autre rend l'instant solennel et magnifie leur geste.

Hors champ, sur la pelouse de la Maison Blanche, trois mille invités retiennent leur souffle et scrutent la scène avec fascination. Les anciens présidents Carter et Bush, pas moins de huit ex-secrétaires d'Etat, le Congrès, la Cour suprême, des ambassadeurs, des juristes et des journalistes, une nuée de diplomates. « Vous pouvez croire ce que vous voyez ? », demande le comédien Richard Dreyfuss à son voisin, journaliste littéraire, qui a lui-même le sentiment de vivre une séquence du film Rencontres du troisième type. Certains ont oeuvré pendant des années à l'ébauche de la paix ; d'autres ont toujours repoussé toute idée de compromis.

Madame Sadate occupe une place d'honneur et rappelle à elle seule une autre image de paix, signée à Camp David en 1979, sur la même table de bois, mais avec allégresse. Ardente, Leah Rabin – dont les invitations intempestives ont failli rendre fous les responsables du protocole – vit la scène en communion avec son mari. Sous la pression de l'entourage de son époux, Madame Arafat, elle, a été contrainte de rester à Tunis. Comme des dizaines de millions de téléspectateurs, la femme du leader de l'OLP – filmée d'ailleurs par CNN– concentre, elle aussi, son attention sur la seule poignée de main qui compte. Mais le film va trop vite, et l'arrêt sur image est autrement frappant. C'est le cliché qui fera date. Demain, à la « une » de milliers de journaux, il résumera à lui seul l'événement.

« C'est une photo historique, comme l'était ce moment », commente Yasser Arafat en contemplant l'image, vieille de quatre années, dans la suite royale d'un hôtel parisien. Il est assis sur un canapé mou, le teint cireux, les membres légèrement affaissés, le regard un peu las. Mais le keffieh, dont ses petites mains soignées corrigent avec adresse la position, est comme toujours impeccable. Coquet à sa manière et soucieux des symboles, il veille à ce que l'étoffe garde constamment une forme de Palestine. Et il attend les questions : « Posez-les en anglais, je répondrai en arabe. »

Il est près de 1 heure du matin, autant dire une heure normale pour le leader palestinien, dont le moteur tourne à plein régime jusqu'à 4 ou 5 heures, et qui « reçoit » de préférence la nuit. Mais on peut avoir des faiblesses. Et ce soir Yasser Arafat a l'air vieux et vanné. Il y a quelques minutes, dans le salon sans fenêtre qui accueillait le dîner du clan, il n'a guère parlé, se contentant de picorer quelques mets et de servir obligeamment ses voisins – en l'occurrence sa pétillante belle-mère –

avant de sombrer, les yeux ouverts et fixes, le petit corps recroquevillé sur sa chaise, dans une méditation mystérieuse et prostrée. Les rencontres de cette journée du 30 juin avec Messieurs Chirac, Jospin, Védrine et Hue n'ont pas allégé ses tourments. Le processus de paix est en lambeaux.

Devant nous, sur une table basse, un plateau de chocolats et de mignardises. Et, tout autour, la « cour » : une dizaine de conseillers, amis et visiteurs, soucieux, jour et nuit, de coller du plus près possible au chef. Lequel ne s'en lasse pas : après chaque réponse, il observe avec satisfaction l'effet produit alentour. Autant le dire tout de suite, et c'est un euphémisme : les conditions idéales pour l'interview sont loin d'être réunies. A aucun moment Arafat ne se départira de sa langue de bois.

PAS la moindre concession à l'émotion ou au sentiment personnel en voyant la photo ou en racontant la scène. Il s'agit bien d'Histoire, et « Monsieur Palestine », comme il aime être appelé, s'obstine à prendre la pause. Le discours est rodé, tel qu'il le voudrait gravé à jamais dans le marbre ou relayé dans les livres d'école : la paix des braves, le pacte entre deux soldats, le parrainage silencieux des martyrs... On devra s'en tenir là. A cliché sacralisé, légende immuable, à tout le moins impersonnelle. Aucune révélation, aucune fioriture, au besoin un mensonge pour être tout à fait sûr de ne pas ternir l'icône.

Il dément ainsi le chantage de dernière minute auquel il procéda, à l'aube de ce 13 septembre 1993, à quelques heures seulement de la cérémonie, en exigeant des Israéliens, sous peine de prendre le premier avion, que l'on substitue systématiquement le nom de l'OLP à l'expression « délégation palestinienne » dans le texte de l'accord promis à signature. « Voyons, me dit-il, agacé, vous ne me connaissez pas ! Lorsque je décide quelque chose, je ne reviens pas en arrière. Je savais donc pertinemment que nous signerions l'accord. Je n'ai reculé devant aucune bataille qui pouvait me coûter la vie. Je n'allais tout de même pas reculer devant la bataille de la paix ! » Shimon Peres, alors ministre des affaires étrangères d'Israël, qui, à peine arrivé à Washington, dut gérer ce bras de fer, sourirait devant ce raccourci de l'histoire, lui qui a encore à l'oreille les menaces de départ du leader palestinien, et puis cette ultime exigence, alors que les invités se pressaient déjà dans les jardins de la Maison Blanche, que le sigle OLP soit dactylographié et non pas corrigé à la main. « Un immense tournant historique s'est joué sur la différence entre la pointe d'un crayon et le ruban d'une imprimante », ironise-t-il dans ses Mémoires.

Mais qu'importent les détails, les chantages ou coups de bluff, l'âpreté des négociations. La poignée de main les éclipse ; c'est elle, grâce à la photo, que retiendra l'histoire. Et Arafat y est rayonnant. Ce sourire ! Cet allant ! Cette posture sous l'aile protectrice d'une Amérique qui le reconnaît enfin, après des années de mépris et d'hostilité. C'est la première fois, d'ailleurs, malgré tous ses efforts, qu'il s'y trouve convié. En 1974, lorsqu'il s'était rendu à New York pour évoquer à la tribune des Nations unies « le rameau d'olivier et le fusil de révolutionnaire » qu'il affirmait porter dans l'une et l'autre main, ses déplacements avaient été autoritairement limités à l'île de Manhattan. « Pire que cela ! Lorsqu'en 1988 j'ai voulu m'adresser de nouveau à l'ONU, l'Amérique ne m'a même pas accordé de visa. J'ai dû inviter l'Assemblée générale à venir à Genève pour écouter mon discours. Elle s'est réunie spécialement pour moi ! »

Alors, quelle revanche, ce 13 septembre 1993 ! Quelle tardive mais éclatante consécration ! Rencontre avec le président et deux de ses prédécesseurs, interviews avec deux vedettes de la télévision, séance d'autographes, baiser à Chelsea Clinton... Un traitement de « star », commentera le Washington Post, bluffé par le sens des relations publiques du président de l'OLP et ses efforts pour séduire le président et le peuple américains. N'est-il pas allé, affirme le quotidien, jusqu'à proposer d'arriver à la cérémonie muni de son révolver afin de le tendre solennellement au président Clinton pour symboliser son engagement sur le chemin de la paix ?

« Ce sont moins les égards avec lesquels on m'a reçu à la

Maison Blanche qui sont importants que la raison profonde de ma présence en ces lieux, c'est-à-dire la paix des braves ! A aucun moment je n'ai senti que j'accomplissais quelque chose de personnel. J'agissais pour la région, pour mon peuple et pour le peuple israélien. » Le cercle approuve d'un hochement de tête. « Enfin, n'était-ce pas aussi un triomphe personnel ?

– Non. C'était la victoire de la paix pour laquelle je me suis tellement battu, mais ce n'était pas une victoire personnelle.

– Dans ce moment intense, avez-vous pensé à des proches, vos parents, votre famille ?

– Non. Seulement à mes camarades dans la longue lutte de libération. »

« Le Vieux », décidément modeste, s'accroche à sa légende d'ascète de la révolution. La « cour » est satisfaite. Barricadé ainsi sous son épaisse armure, son chef n'offre aucune prise et entretient le mythe. Se sent-il à ce point vulnérable qu'il s'interdise ainsi de désacraliser un moment de l'Histoire ? Y a-t-il de l'angoisse, y a-t-il de la superstition, y a-t-il de la douleur dans cette apparente réticence à revivre une étape dont l'actualité souligne l'utopique illusion ?

Paris, juin 1997

RABIN, c'est vrai, a disparu. Rabin, premier ministre d'Israël, que les Américains avaient eu tant de peine à convaincre de venir à Washington. Rabin, grand vainqueur de la guerre de six jours, qui n'avait jamais caché sa répulsion pour son plus vieil ennemi, mais avait su trouver les mots, ce jour-là, pour crier sa volonté de paix : « Nous, les soldats qui sommes revenus du front tachés de sang, nous qui vous avons combattus, Palestiniens, nous vous disons aujourd'hui haut et fort : assez de sang et de larmes. Assez ! » Rabin le téméraire, qui avait pris tous les risques, et a payé de sa vie l'association de son destin à celui d'Arafat. C'est lui que le leader palestinien voit en premier sur la photo. Et c'est lui qui lui manque aujourd'hui. « C'était un homme difficile mais loyal, qui respectait sa parole d'honneur et s'engageait à fond. Nous avons appris à nous parler, nous consulter, nous comprendre. Il était devenu mon ami. Je ne peux pas l'oublier. »

Sadate, Rabin... Les militants de la paix savent le pari dangereux. Et jamais le chef palestinien n'a craint autant pour sa sécurité. Mais le voilà qui s'impatiente. Alors, puisqu'il évoque son amitié pour la veuve de Rabin – « ma soeur » – et aussi pour son fils, « grand défenseur de la paix », je demande à Arafat si la naissance d'un enfant, en l'occurrence une petite fille qui, paraît-il, lui ressemble étrangement, donne un nouveau sens à la vie et au combat du père. L'assistance se raidit, suspendue à ses lèvres. « Non, répond alors « le Vieux ». Ma fille est comme mes autres enfants. J'ai adopté des dizaines d'orphelins qui avaient perdu leurs parents durant des raids aériens et auxquels j'ai donné mon propre nom. Vingt-huit garçons et filles qui s'appellent Arafat. Ce n'est donc pas un enfant supplémentaire qui modifiera ma conception de la vie. La mienne est pour mon peuple. Rien ni personne n'y pourra rien changer. »

Le soulagement du clan est perceptible. « Le Vieux » (« al Khityar »), qui continue d'essuyer des tempêtes, est bel et bien « le Père » (« al Waled ») de toute une nation. La statue est intacte.

Le maestro et le mur

BERLIN, LE MUR
RALF SUCCO / ACTION PRESS / IMAPRESS

«"**Allume tout de suite la télé !**" m'a
téléphoné un ami, un soir à Paris.
Je me suis précipité. Visiblement,
il se passait quelque chose de grave
puisqu'on montrait en direct, et dans
la nuit, une foule bruyante, désordre,
chahuteuse. Je ne savais pas où cela se
passait. Des gens étaient juchés sur
une espèce de plate-forme et
tendaient la main pour hisser les
autres. Des jeunes escaladaient, des
vieux aplaudissaient, il y avait des
fleurs, des larmes, des chants, une
bouteille de champagne. J'ai compris
tout à coup. Berlin. Le Mur. La fin.
Et j'ai pleuré. Il fallait que j'y sois.
C'était évident. Cela me concernait.
C'était l'histoire de ma vie. J'ai appelé
mon ami Riboud. "Antoine, j'ai
besoin d'un avion. Je dois être à
Berlin demain."
Pendant le vol, je n'ai pas dit un mot.
J'avais mon violoncelle, je voulais
jouer Bach. Pour moi tout seul. Pour
remercier Dieu. Antoine était discret.
Ce n'est qu'en arrivant qu'il m'a
demandé : "On nous attend ici ?
– Non. Personne.
– Alors qu'est-ce qu'on fait ?
– On prend un taxi, et on y va ! "
Au taxi j'ai crié : "Au Mur ! Où vous
voulez ! Je m'en fous !"
Les paroles sont inadaptées pour
exprimer certaines joies.
Pauvres, les mots, fallots, insuffisants.
Mais la musique est là.
Bach bien sûr, toujours.
Qui me remplit, qui m'inonde. »

Mstislav Rostropovitch

SUR les hauteurs de Bakou, à l'abri des grands vents venus de la Caspienne, des senteurs de soufre et de pétrole brûlé, se niche une grande et belle villa, entourée d'un jardin et cernée d'un mur clos. L'air y est sec et doux, parfumé de pollen, et le silence alentour pourrait faire croire qu'on est à mi-distance entre le ciel gris perle et la ville d'en bas, avec Volga, mosquées, chantiers, campements de réfugiés et champs pétrolifères. Une oasis en somme, un rêve de dignitaire, voluptueux, ouaté. Il faut montrer patte blanche pour que le porche s'entrouvre. N'entrent dans le domaine que les hôtes personnels du président Aliev. Ou de ses invités. « C'est le Maestro que je viens voir. » Les yeux noirs des soldats se veloutent et les moustaches sourient. Ah ! Maestro Rostropovitch ! Oui bien sûr il est là, toute la famille est là. Galina la divine, et puis Léna, Olga, les filles, et quatre petits-enfants. Voyez, la ZIL les attend pour les conduire au concert. Mais il n'est pas encore 16 heures, peut-être se repose-t-il...

Peut-être. Depuis trois jours, trois nuits, le Maestro, sans relâche, s'est donné à sa ville. Depuis trois jours, trois nuits, il parle, embrasse, inaugure, festoie, danse, remercie. Comme un joyeux lutin, il sillonne Bakou, précédé de motards, suivi par un cortège, phares allumés, sirènes, sifflets. Et on l'a vu partout : à la fête folklorique, au conservatoire, au baptême d'une école de musique, à une exposition, aux banquets et en promenade dans la vieille ville. Des enfants en chemisiers blancs ou en costumes traditionnels ont récité des compliments, chanté la gloire de « Slava » (le prénom du Maestro) et joué de la musique. Les bouquets se sont accumulés, les cadeaux, et les toasts. De plus en plus de toasts. Filmés par la télévision, repris par les journaux. Car le retour du violoncelliste dans sa ville natale a été décrété événement national. Ainsi l'a voulu le président, fier de voir accourir en Azerbaïdjan une poignée d'artistes du Bolchoï et les chroniqueurs des plus grands journaux russes. Oui, cette fois, c'est Bakou qui a fait l'événement. Dix-neuf ans après avoir été déchu de sa citoyenneté soviétique et contraint à l'exil, Rostropovitch y est fêté comme un roi.

Et le roi ne dort guère. Campé sur le perron, il fait signe de la main et plaisante en montrant sa chemise de cosaque : « Suis-je assez élégant ? » Un escalier de marbre nous conduit dans une pièce monacale du premier étage. D'un recoin de la maison, s'envolent quelques notes de piano. Bientôt des rires d'enfants. Galina Vichnevskaïa, l'épouse cantatrice, passe comme une funambule, le regard charbonneux comme celui de Carmen. Et Rostro, malicieux, sert le thé.

– « Un peu surréaliste, Maestro, ce retournement de situation, ce culte, ces honneurs ?

– Incroyable, en effet. Magnifique. Magnifique.

– Et tous ces critiques musicaux venus de Moscou qui ne jurent plus que par vous ?

– Fabuleux ! Très gentils, même si j'eusse préféré qu'ils me manifestent leur estime en des temps plus risqués...

– Et vous ici, royalement logé dans la résidence d'un président qui fut tout de même patron du KGB et apparatchik de Brejnev au temps où vous fûtes banni d'URSS ?

– Ironique, hein ! C'est Kafka et Dostoïevski. Comme tout ce qui se passe à l'Est depuis la chute du Mur... »

LE Mur... En voici justement la photo. Vous rappelez-vous, Maestro ? Un coup d'oeil fulgurant sur le cliché et le violoncelliste s'enflamme. « Toute ma vie est là-dedans. Ma cohérence, mon unité. Mais qui pourrait comprendre ? C'est mon histoire à moi. Et ce que je célébrais, ce jour de novembre 1989, c'était la réunification des deux parties de ma vie dont le Mur odieux symbolisait la déchirure. D'un côté de la Muraille se trouvaient mon passé, mon pays, mes racines ; de l'autre côté mon exil, mon travail, mon avenir. Deux pans de vie cloisonnés, hermétiques, que j'avais cru ne jamais pouvoir réunir et qui me donnaient le sentiment d'être amputé, incomplet. »

Qui, en effet, pouvait imaginer que le Mur cachait des lézardes ? Que, de l'intérieur, le système était miné ? « Nous pensions tous que le communisme allait durer mille ans ! Et que jamais, jamais nous ne pourrions revenir au pays. L'exil est toujours une blessure. Mais celui d'URSS et des pays du bloc était le plus cruel et le plus désespéré : tout départ signifiait un adieu. »

Alors quand, dans son appartement parisien, il a découvert les images de Berlin, quand il a aperçu des jeunes gens armés de burins et de pioches s'attaquer rageusement au béton devant des soldats impassibles ou souriants, quand il a vu les enfants qu'on hissait sur le Mur, les fleurs qu'on échangeait, les larmes qu'on essuyait, il a voulu en être. Au pied du Mur couvert de tags, il devait accomplir « une célébration personnelle ». C'était un moment très intime, dit-il. Un acte qui tenait de la « prière » et qu'il aurait accompli « même sous la menace d'un revolver ». Ce n'était pas un concert, encore moins un spectacle. « D'ailleurs, il n'y aurait jamais dû y avoir de photo, je n'avais prévenu personne. »

S EULEMENT voilà. Parti en toute hâte avec son violoncelle, le Maestro avait oublié de se munir d'un siège. « Je m'en suis rendu compte, planté devant le Mur. Pas un endroit pour m'asseoir ! J'étais catastrophé. Jamais je n'avais réalisé que ce simple accessoire m'était aussi indispensable que l'instrument précieux. Toujours, on m'avait évité ce tracas ! Mon violoncelle sous le bras, j'ai sonné à une loge de concierge pour emprunter une chaise. Un homme m'a dévisagé : "Etes-vous Rostropovitch ?" Puis il a disparu trois minutes avant de rapporter une chaise et une vingtaine de personnes ! »

Va donc pour le public ! Le violoncelliste en ferait abstraction. Il ne jouerait que pour lui et « pour remercier Dieu ». Et qu'importaient le froid, les voix, les bruits et même quelques flashes d'appareil. Il voulait jouer Bach. « J'avais choisi les pièces les plus joyeuses, et puis je ne sais pas pourquoi, c'est devenu très triste. » Alors il a demandé : « Voulez-vous que je joue quelque chose en la mémoire de ceux qui sont tombés en franchissant le Mur ? » Il a choisi Sarabande, et tandis que l'archet sculptait des notes ailées, des larmes ont coulé sur les joues d'un jeune homme.

Le Mur tombait. C'était ahurissant, extravagant, impossible, magnifique. La planète Terre allait sembler plus vaste. Car le Mur, résultat d'une démence de l'Histoire, ne divisait évidemment pas que l'Allemagne. Slava fermait les yeux, incapable de projets, mais empli de musique et d'espoir. Combien de nuits, en rêve, n'avait-il franchi la frontière ? Combien d'escapades pendant, avant, après chaque concert ? Et combien de pensées pour ces compositeurs géniaux – Prokofiev et Chostakovitch – qu'il vénérait, interprétait, célébrait désormais sur toutes les scènes du monde mais que le gouvernement d'URSS – « imbécile, criminel » – avait voulu broyer ? « Cette musique était le fil qui me liait à ma patrie. Sans doute n'aurais-je jamais joué autant de musique russe s'il n'y avait eu l'exil. »

L'exil ne fut jamais son choix. Il ne faisait pas de politique, il n'était pas dissident, il n'avait jamais voulu fuir. La musique le comblait. La force de son talent, détecté dès sa petite enfance à Bakou par son père musicien, puis au conservatoire de Moscou par les plus grands maîtres de l'empire, la reconnaissance du public, une pluie de prix et récompenses prix Staline en 1951, prix Lénine en 1964, « artiste du peuple » depuis 1966 lui donnèrent même longtemps une fameuse assurance. Les plus grands théâtres le réclamaient et il n'aimait rien tant que se produire avec Galina, son épouse, adulée par Boulganine et star absolue du Bolchoï. Mais Rostropovitch, admirateur d'Alexandre Soljenitsyne, était du genre fidèle. Et quand il apprit que l'écrivain était en très mauvaise santé et quasiment à la rue, il proposa de l'accueillir dans sa datcha des environs de Moscou. C'est ainsi qu'il se condamna. Deux ministres, tour à tour, l'adjurèrent de laisser tomber l'écrivain. Rien n'y fit. Soljenitsyne passa chez lui cinq hivers, conscient, plus que son hôte, des menaces croissantes pesant sur les deux hommes : « Ne prenons jamais ensemble la même voiture pour nous rendre à Moscou, disait-il au musicien. Un seul camion permettrait au KGB de se débarrasser de nous. Pourquoi lui simplifier la tâche ? »

QUAND Soljenitsyne reçut le prix Nobel et qu'une violente campagne de harcèlement fut organisée contre lui, Rostropovitch, écoeuré, se révolta. Le 31 octobre 1970, il écrivit une lettre aux quatre grands journaux soviétiques pour prendre fait et cause pour l'ami écrivain. Boycotté à Moscou, le texte fit la une de la presse internationale. Et de suspect, Rostropovitch devint coupable. En moins de quatre années, on brisa sa carrière. Il fut exclu du Bolchoï, interdit de concert dans les salles de Moscou et de Leningrad, privé d'engagements à l'étranger, boycotté par la presse, mis en quarantaine par ses pairs. Bref, il fut destitué. Alors, sous la pression de Galina, elle aussi censurée, il demanda à Brejnev l'autorisation de partir deux ans à l'étranger, espérant alarmer les officiels et rêvant follement d'être retenu. Naïf ! On le laissa partir afin de mieux l'exclure. L'annonce de sa déchéance de la citoyenneté soviétique lui parviendra deux ans plus tard... par la télévision. Interdiction sera faite à Aeroflot de lui vendre un billet d'avion.

Bakou, mai 1997

« Ma deuxième vie a commencé alors. Dans les avions, les valises, les répétitions, les concerts, le travail. Il fallait recommencer à zéro, faire une croix sur la patrie, les amis, nos traditions. Et refuser tous les passeports que plusieurs pays, aimablement, allaient nous proposer. Mieux vaut être apatride que d'accepter l'idée d'être chassé du sol où Dieu vous a fait naître. » Un silence. Puis un étrange sourire : « Je mourrai apatride. »

Apatride ? Allons donc, Maestro ! Gorbatchev dès 1990, Eltsine depuis 1991 et aujourd'hui Aliev vous acclament et vous réclament. On déroule tapis rouge, on réédite vos archives. Le Bolchoï célèbre Galina, et votre anniversaire est fêté 25 fois. Que vous faut-il de plus ? Des excuses officielles, des sanctions exemplaires, un titre honorifique ? « Je ne suis plus le même, j'avoue. Et si mon âme est russe, la culture d'Occident est aussi dans ma peau. Je dois beaucoup à différents pays. J'ai absorbé le jus d'artistes amis comme Dali, Picasso, Chaplin, Chagall, Aragon. Je ne veux plus de passeport russe. Je ne suis plus l'homme d'une seule nation. »

Galina, impériale, a entrouvert la porte pour rappeler à son mari qu'il avait un programme, et qu'il serait bien temps qu'il enfile son smoking. L'ordre paraît sans appel. Rostro, une dernière fois, regarda la photo. « On n'efface pas quatre-vingts ans de communisme avec des bulldozers ou des pioches. On ne change pas en cent jours des habitudes de délation, suspicion, passivité, trahison. La transition est rude, à l'Est. Mais je suis optimiste. » Le Mur, assure-t-il, va lentement disparaître des têtes.

L'inconnu de Tiananmen

5 JUIN 1989

PEKIN, AVENUE CHANG'AN

STUART FRANKLIN / MAGNUM

« **Tiananmen,
c'était exactement cela.**
Aucune image n'a capturé
avec autant d'acuité l'esprit de notre
mouvement. Qu'importe le nom
derrière la silhouette.
Qu'importe son âge, son sexe.
Cette photo nous représente tous,
avec nos mains nues et notre
sincérité, notre résolution
et notre pacifisme. »

Chai Ling

L E jeune homme a surgi de la foule on ne sait trop comment. Il a traversé en courant l'immense avenue Chang'An et il s'est mis au garde-à-vous, droit comme un « i », devant la colonne de chars qui roulaient vers la place Tiananmen. A moins de 2 mètres de lui, le premier tank, donc, s'immobilisa. Et entre le petit homme et l'engin meurtrier, ce fut, durant de longues secondes, un incroyable face-à-face. Derrière, une vingtaine de blindés attendaient, probablement surpris, ignorants de l'obstacle. Le premier char, soudain, esquissa un mouvement, et le petit homme réagit promptement en étendant ses bras, dessinant une barrière symbolique autant que dérisoire. De chacune de ses mains pendait un paquet : à gauche, peut-être un sac d'école ; à droite, sans doute une chemise blanche. Le char décida de contourner l'obstacle en manoeuvrant à droite. Mais l'homme fit quelques pas chassés et se retrouva à nouveau devant le canon du blindé. Celui-ci se pointa vers la gauche. Mais le Chinois buté suivit le même mouvement et la colonne resta paralysée. Un petit homme sans arme tenait tête aux canons. Les dignitaires chinois devaient s'étrangler de rage.

Mais il fit mieux que cela. Avec une audace effarante, il escalada la chenille et monta sur le char. Là, il se pencha vers l'ouverture donnant accès au poste de pilotage pour parler quelques secondes avec le conducteur. Puis il sauta sur le bitume, d'un mouvement si léger qu'on l'eût dit insouciant. Là, il n'eut guère le temps de réfléchir : deux personnes en civil se précipitèrent vers lui, le saisirent par le bras et le poussèrent en courant de l'autre côté de l'avenue. Et le Chinois disparut de la scène comme il y était entré.

S'appelait-il Wang Weilin, fils d'ouvrier, âgé de dix-neuf ans, comme le suggèrent les fiches d'Amnesty International ? Etait-il ouvrier, étudiant, simple passant ? A-t-il été arrêté, emprisonné, condamné à des travaux forcés ? Ou bien exécuté d'emblée, comme l'assurent de vilaines rumeurs ? Les autorités chinoises ont toujours affirmé ne pas le connaître. Mais comment expliquer que le chef de l'Etat chinois ait cru pouvoir affirmer à une journaliste de la télévision américaine qu'il était bien en vie ?

Organisations humanitaires, sinologues, dissidents... Personne n'a pu nous renseigner sur le jeune torero qui exposa son corps fluet aux chenilles des tanks et dont l'image fascina le monde. Pas la moindre piste sérieuse, des rumeurs contradictoires ; un espoir, une fois, entouré d'un secret magistral et rapidement déçu. L'homme demeure introuvable qui restera à jamais une sorte de Soldat inconnu des événements du printemps 1989, à Pékin.

Fallait-il pour autant renoncer à l'image ? Se rabattre sur une autre photo montrant la foule des étudiants, terrassés par la fatigue et la chaleur sur une place encombrée de tentes, de couvertures, de tracts, de détritus ? Choisir la photo de la déesse de la démocratie, cette statue de plâtre improbable, érigée sur la place par les élèves des Beaux-Arts ? Ou bien celle des trois principaux leaders armés d'un mégaphone ? Aucune n'avait la force de petit homme devant le char. Prague, Budapest, Séoul avaient déjà montré des images de jeunes gens offrant leur poitrine aux canons de blindés. Aucune n'avait paru mieux condenser un événement que celle prise à Pékin.

Alors j'ai voulu retrouver Chai Ling, la jeune fille à socquettes blanches qui, durant la révolution inachevée, avait porté le titre ronflant de « commandante en chef de la place Tiananmen », et que la presse, médusée par son allant, sa résolution et ses discours, avait plus simplement surnommée « la Pasionaria de Tiananmen ». Que lisait-elle dans cette image que nous ne sachions saisir ? Et que ressentait-elle ? Avions-nous tort, en Occident, d'en faire l'image-symbole du mouvement de Tiananmen ?

C'est dans un hôtel de Boston, un soir de juin, que la rencontre eut lieu. La jeune femme, dont le visage figure toujours en tête de la liste des « ennemis du peuple » recherchés par le gouvernement chinois, était méconnaissable. Elle portait une robe d'été très courte, un minisac en bandoulière, des sandales à talons, les cheveux souples et longs. Elle riait, enjouée comme une Américaine, débordant de superlatifs et pratiquant l'humour comme ultime politesse. Elle connaissait de Boston les endroits agréables, parlait avec passion des cours de management qu'elle suivait à Harvard, des défis intellectuels que se lançaient les étudiants, de sa soif de perfection et de sa volonté de maîtriser les mécanismes de l'industrie capitaliste. Elle semblait intégrée, parlant anglais avec les intonations de la Côte est américaine, et confiante dans l'avenir. On était loin de Tiananmen...

QUELQUE chose cependant me troublait qui m'empêchait de superposer sur son visage fin et rieur la photo bien connue de la « Pasionaria » haranguant les étudiants de Pékin, micro en main. Etaient-ce ses manières ? Son sourire ? Son regard peut-être... Oui, pour mieux se cacher lors de sa cavale de dix mois à travers la Chine, elle avoua avoir accepté une délicate opération des paupières. Une nouvelle Chaï Ling était née. Mais sous la parure renouvelée, le coeur demeurait intact. La photo du Chinois devant le char le mit à nu en un instant.

« Aucune image n'a capturé avec autant d'acuité l'esprit de notre mouvement. Tiananmen, c'était exactement cela. » Elle parlait en un souffle, elle était dans l'image. Elle oubliait Boston, Harvard, la businesswoman dont une société de gestion a déjà repéré les talents, l'étudiante acharnée, soucieuse de son classement. Elle était sur la place, où de violents cauchemars l'emportent si souvent ; elle redevenait Chai Ling, leader inflexible, exaltée, « extrémiste » du mouvement de Tiananmen.

Ce n'est qu'environ deux semaines après le massacre qu'avec stupéfaction, dans une cachette de fortune, elle avait aperçu à la télévision l'image du petit homme. La propagande battait son plein et le gouvernement passait et repassait l'image comme preuve de l'extrême mansuétude de ses chars. « J'étais fascinée, bouleversée. Comment dire ? Connectée à la photo, totalement en phase ; et scotchée à l'écran. Qu'importe le nom derrière la silhouette. Qu'importent son âge, son sexe. Elle nous représente tous, avec nos mains nues et notre sincérité, notre résolution et notre pacifisme. Des centaines de Chinois, je le jure, ont marché face aux chars, sans caméras témoins, sans appareils photo. La plupart ont été broyés. »

Tout Tiananmen, dit-elle, tient dans cette image-là. Et elle n'aura de cesse que de la décortiquer. Comme si c'était sa propre silhouette qui se postait face au char. Oh ! oui, elle aurait pu alors braver canons et mitraillettes ! Elle dévorait la vie mais était prête à tout pour prouver au gouvernement la pureté et la détermination du mouvement. Y compris à mourir. N'avait-elle pas gagné sa légitimité de leader en proposant, dès les premières heures, de s'immoler par le feu ?

« L'histoire de la Chine et du communisme est entièrement placée sous le signe de la violence. Le pouvoir vient de la poudre. Il ne se maintient que par la menace et la terreur. Guerre civile, guerre des classes, guerre contre les "ennemis de l'Etat". La propagande officielle n'est qu'une incitation à la haine, la calomnie, la dénonciation. C'est une culture en Chine, un mode de vie. Eh bien, comme le jeune homme de l'image, la génération Tiananmen se rebiffe : trop c'est trop. On ne marche plus. Brisons le cycle infernal de la violence. Arrêtons l'engrenage. Et pour une fois dans ce pays, parlons de paix, d'amour, de respect. Discutons comme des frères. Créons ensemble un monde meilleur. »

Les noms de Gandhi et de Martin Luther King furent maintes fois mentionnés sur les campus. Mais Chai Ling dément toute référence systématique. « Vient un jour où l'option de non-violence s'impose naturellement. Où l'on décide d'inverser le mouvement. De raisonner différemment, et de ne pas sombrer dans le piège des armes de l'adversaire. Savez-vous que le gouvernement avait fait déposer des munitions et des mitraillettes à deux pas de la place afin de tenter les plus désespérés des étudiants et d'avoir une raison de réprimer ? Chaque fois, nous les avons fait renvoyer à la police ou à l'armée. Comme le jeune homme, c'est les mains nues que nous réclamions le dialogue. »

Dialoguer. Au fond, c'était là tout ce que réclamaient les étudiants. Etablir une relation avec un pouvoir sclérosé, barricadé, trop distant. Lui parler sans entrave, sans écran, comme l'espérèrent en vain, dès les premiers jours du mouvement, les trois jeunes gens qui s'agenouillèrent sur les plus hautes marches du Palais du peuple pour présenter au gouvernement comme on le faisait à l'empereur leur première pétition.

« Regardez bien l'image. Je la trouve admirable. L'homme seul est issu de la foule. Le char, lui, vient tout droit de la Cité interdite, là où niche le pouvoir. Ils se croisent sur l'avenue de la Longue-Paix. Cela ne s'invente pas. Tout, ici, est symbole. Et le jeune homme, en un geste somptueux, va tenter d'établir la communication. Il pense que derrière la machine, la structure et la poudre, il y a un être humain, un coeur qui bat, un cerveau qui raisonne. Ce sont eux qu'il veut atteindre, c'est avec un être de chair et de sang qu'il veut parler de paix. Comme il a tout compris ! »

Mais le jeune intrépide n'est-il pas suicidaire ? Que peut-il, face aux chars qui, depuis deux jours, ont déjà provoqué un

Boston, juin 1997

incroyable carnage ? N'a-t-il plus rien à perdre qu'il joue ainsi sa vie ? Qu'a-t-il à y gagner, franchement, et que peut-il prouver ?... La jeune femme s'exalte, elle ne le perd pas des yeux. « C'est l'esprit Tiananmen, ne comprenez-vous pas ? N'appelez pas suicide ce qui est sacrifice et offrande de sa vie. C'est là la grandeur de son geste. Comme les autres manifestants, l'homme a atteint un point de non-retour. Ses convictions, désormais, éclipsent la valeur de sa vie. "Prenez-la, dit-il, si vous ne me suivez pas. Je ne suis pas armé, je suis un homme comme vous, je souhaite la paix, la liberté, et le respect. Cela vaut bien ma jeune vie." »

Elle fait parler le jeune homme comme si c'était son double. Elle lit dans la photo comme si elle y plongeait. Elle retrouve le langage, les accents, le romantisme peut-être de la Pasionaria. Et son sens du tragique. « Cela vous semble excessif, hein ? Une manifestation dans les rues de Paris n'a pas ce type d'enjeu ! Mais Paris et Pékin ne sont pas sur la même planète. Ce que vous appelez manifestation n'est chez vous qu'une marche pacifique et joyeuse. J'en ai vu avec des danses et de la musique ! En Chine c'est un engagement crucial qui exclut le coup de tête et, d'emblée, vous expose au risque suprême. C'est pour cela que les observateurs occidentaux ont été si surpris de voir certains manifestants partir de chez eux en écrivant leur testament. Le retour est toujours incertain. L'idée de la mort est dans tous les esprits. L'homme devant le char le sait qui, pour l'amour de son peuple, est prêt à offrir sa vie. »

NE parlez pas de folie, de fanatisme ou d'extrémisme, supplie-t-elle à mi-voix. Les grilles d'analyse occidentales ne peuvent être qu'impuissantes à comprendre l'idéal des étudiants de Tiananmen. Que pourriez-vous savoir d'un Etat policier qui isole les gens, les enserre dans une bulle de terreur, les surveille, les suspecte, leur fait douter de tout, y compris de leurs proches ? « Il m'a fallu venir en Amérique pour comprendre le titre du roman de Kundera, L'Insoutenable Légèreté de l'être. Eh bien, sachez que ce qui pousse le jeune Chinois à défier la colonne de tanks, c'est "l'insoutenable lourdeur de l'être". Suis-je claire ? »

Elle était angoissée de n'être pas limpide, elle savait d'expérience être souvent incomprise, et même fort critiquée pour avoir, jusqu'à l'aube du massacre, le 4 juin 1989, incité ses amis à ne point renoncer, ne pas céder d'un pouce devant le gouvernement, ne pas plier bagage malgré le bruit des chars. Elle ne se justifiait pas. Elle ne regrettait pas. Tout juste avouait-elle repasser dans sa tête le fil des événements ; encore, encore, encore. « Pour analyser, disait-elle, les différentes parties du puzzle. » Pour repérer l'erreur. Pour se défendre aussi. Et ne pas oublier la philosophie d'un mouvement qui ne se conçoit qu'en Chine et, dit-elle, échappa totalement à l'Occident.

Elle reviendra en Chine. Elle ne vit que pour cela. Et comme Winston Churchill, qu'elle admire entre tous et « qui, toute sa vie, se prépara à savoir gagner la guerre », elle mûrit, étudie, se construit, engrange méthodiquement expériences et connaissances, pour contribuer, le moment venu, à « bâtir la démocratie chinoise ». Elle se sent seule, souvent. Beaucoup d'amis sont morts; d'autres, comme Wang Dan, sont toujours en prison... Mais elle veut croire que le jeune homme au char est en vie quelque part. C'est pour elle un dopant.

Lendemains de putsch à Moscou

2 3 A O Û T 1 9 9 1

MOSCOU, PARLEMENT DE RUSSIE
VLASTIMIR SHONE / GAMMA

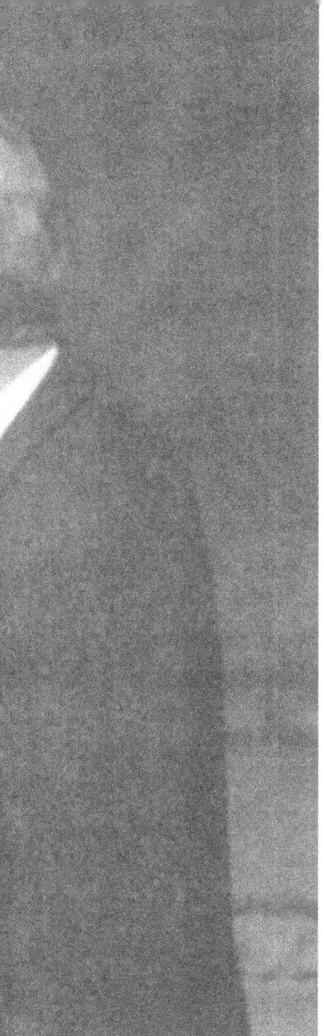

« **C'est un moment dramatique**. La conclusion du putsch qui, pendant soixante-douze heures, m'a retenu en Crimée et coupé du monde entier. Je viens de rentrer à Moscou et me présente devant le Soviet suprême de la Fédération de Russie, le fief de Boris Eltsine. L'Hémicycle, plein à craquer, est agité et particulièrement hostile. Mais je salue les députés et rends hommage à leur président, avant de tenter de tirer les leçons des événements récents. Quand j'en viens à évoquer l'attitude ambiguë ou traîtresse de certains membres de mon gouvernement, Eltsine déboule près de moi, à la tribune, et me commande de lire un texte qu'il vient tout juste de me remettre, en pleine séance, et dont je n'ai pas encore découvert le contenu : "Lisez donc ce que vos ministres disaient dans votre dos !" Il s'agit en effet du sténogramme d'un conseil tenu le deuxième jour du putsch. "Lisez-le maintenant !", insiste Eltsine en pointant son doigt vers le texte, "Lisez-le devant tout le monde !" J'en donne alors lecture, annonçant des sanctions, d'autres nominations. Mais, de toutes parts dans la salle, on se met à crier : "A bas les communistes ! Il faut les chasser tous du pays !" L'hystérie anticommuniste ne fait que commencer. Le putsch en a fourni un excellent prétexte. Comme celui d'humilier Gorbatchev devant le pays tout entier. »

Mikhaïl Gorbatchev

MAIS que fait-il dans cet affreux bureau ? Des boiseries tristes, des murs lépreux, un salon de cuir noisette, un pupitre sans âge encombré de paperasses, trois pendules ordinaires pour voir couler le temps... Pas un tableau, pas une couleur, pas la moindre fantaisie. Si, une petite lampe verte et sur une étagère, pas loin de l'Encyclopaedia Britannica, une photo souriante avec Ronald et Nancy Reagan. Et bien sûr Raïssa. C'est bien le seul éclat.

Mais que fait-il dans cet affreux bureau qui sent la naphtaline, dans un quartier poussiéreux et grisâtre, à plusieurs kilomètres du centre de la ville, et sur une avenue (Leningradski) au nom furieusement démodé ? Il y est, comment dire, incongru. Décalé. A croire qu'il en cultive à dessein l'étrangeté pour mieux faire apparaître le gâchis, l'ironie, la folie d'une histoire qui le chassa de la grande scène, la seule qui lui allât. Il ne le dit certes pas en ces termes, mais son discours et sa posture savent le sous-entendre : quels lieux, autres que le Kremlin, pourraient convenir à sa stature ?

Mikhaïl Gorbatchev, c'est vrai, a encore belle allure. Le teint frais, la silhouette vigoureuse, la poignée de main broyeuse, il affiche une santé, une énergie joyeuses. Et pétille. Bavard, expressif, tribun. Avec un rire musclé et une pétulance rare chez les hommes de pouvoir. Des gestes dangereux, compte tenu de ses mains larges comme des battoirs, et une fougue intacte à parler de l'Histoire. En fait, à parler de lui : de Gorbatchev, il a en effet la plus haute opinion. Son drame est qu'en Russie il est désormais le seul. Et c'est là un mystère qu'il juge extravagant.

C'est qu'on l'a mal compris ! C'est qu'il y eut sabotage ! C'est qu'il fut isolé, surveillé, menacé, court-circuité, victime d'un complot, trahi, poignardé dans le dos. C'est que des démagogues jaloux de son pouvoir ont promis du bonheur à la population. Demain, on rase gratis ! Allons donc ! Les menteurs ! Les voraces ! Assoiffés de pouvoir, avides de privilèges, corrompus et manipulateurs, violents et antidémocrates... Ah ! Si on ne refait pas l'Histoire, au moins faudrait-il la connaître, l'enseigner, départager les responsabilités. La glasnost devait permettre cela...

Parlons, donc. Il en a le désir. Racontons sans entrave l'histoire presque immédiate. Et puisque, dans les manuels de classe, elle a fait son entrée, commentons cette photo qui offre une charnière entre deux grands chapitres : le règne de Gorbatchev et le triomphe d'Eltsine, le temps de la perestroïka et la dislocation de l'empire. Gorbatchev la détaille, il a mis ses lunettes. Ah ! ça n'est sans doute pas celle qu'il aurait choisie pour rester dans l'Histoire ! S'il ne tenait qu'à lui, dit-il dans un sourire, il aurait préféré une photo bucolique, familiale, prise dans son jardin, avec Raïssa, sa fille et ses deux petites-filles. « Tout commence avec un homme et une femme, de l'amour, une famille. La mienne est ma première forteresse, ce que j'ai de plus cher. Ce n'est pas très à la mode, mais je ne changerai pas ! »

A la mode ? Depuis quand un homme politique n'aurait-il pas le droit d'être aussi romantique ? Il n'est d'ailleurs pas d'interview où Gorbatchev n'évoque sa Raïssa et ne revendique un côté fleur bleue. C'est même sa coquetterie. Mais venons-en à la photo qu'un de ses proches, bien timoré, avait jugée « trop humiliante » pour être soumise « au président ». Comme s'il avait besoin d'être protégé ! Il assume, il affronte, calé dans un fauteuil, le cliché dans les mains. Et sans hésitation, il tranche : « Historique ! »

Evidemment. « Cette photo illustre l'un des tournants les plus dramatiques, non seulement de ma propre vie politique, mais surtout du destin de l'Union soviétique. » Elle rappelle le putsch d'août 1991 qui ébranla l'empire, l'affaiblissement de son leader suprême, voire sa déconfiture, le triomphe de son sauveur devenu son fossoyeur. Et le crépuscule du Parti.

« Elle annonce sans nulle doute la période la plus dure de ma vie. Et ma plus grande défaite. Un coup d'arrêt à ma patiente stratégie de réformes. Car au début de l'été 1991, l'URSS était à la veille de profonds changements que j'avais décidés. J'avais tout planifié pour asseoir la démocratie. Mon programme pour sortir de la crise était prêt, sur les rails. J'étais sur le point d'accélérer les réformes économiques, de mettre au point un nouveau traité d'union entre les Républiques pour leur donner plus de pouvoirs, et de conduire enfin la réforme du Parti. Les conservateurs savaient que rien, cette fois, ne pourrait m'arrêter. Leur temps était compté, c'est la raison du putsch. Un coup d'Etat absurde et voué à l'échec. Mais qui, malgré la victoire du clan des démocrates, détourna le pays de la voie des réformes. Eltsine a bien récupéré la mise, mais c'est un destructeur. »

Eltsine l'impétueux, qu'il juge opportuniste. Eltsine l'impatient, qu'il dit aventurier. Eltsine le Cosaque, qui n'a pas craint d'escalader un char pour parler aux soldats, mais qui, selon Gorbatchev, ne rêvait que d'agripper le pouvoir. Eltsine le hussard, qui sembla jouer le jeu et respecter les formes lorsque le président d'URSS s'en revint de Foros, où les putschistes l'avaient retenu trois jours, mais qui marqua très vite son nouveau territoire et humilia Gorbatchev devant son hémicycle et la télévision.

« Ah, ce fut au Parlement de Russie une séance incroyable ! D'abord, Eltsine me contraignit à lire un document que je découvris en direct et où la trahison de mon gouvernement apparaissait clairement. Et voilà qu'ensuite, pour sanctionner les membres impliqués dans le putsch, il appuya la position des députés qui voulaient bannir d'URSS le Parti communiste et signa sur-le-champ un décret suspendant toutes ses activités ! »

Mikhaïl Gorbatchev se redresse dans son fauteuil et repose ses lunettes, encore stupéfait, six ans après, de l'audace. Certes, il ne s'est pas laissé faire ! Il s'est battu, verbalement, sincèrement offensé, effaré de l'idée, conscient de l'engrenage. « Si vous vous dites démocrates, leur ai-je lancé, soyez-le jusqu'au bout ! Vous proposez de chasser du pays 18 millions de communistes, soit 100 millions de personnes avec leurs familles. Mais vous êtes fous ou quoi ? Même la cervelle malade de Staline n'aurait pu imaginer chose pareille ! » « Eh bien, le croirez-vous ? s'exclame l'ancien président, cette partie de mon discours a été censurée lors de chaque retransmission de la séance à la télévision. » Or c'était important. « Le pays tout entier aurait vu que Gorbatchev refusait qu'on utilise le putsch pour démarrer la chasse aux sorcières communistes, qu'elles fassent partie des ouvriers, des paysans ou des savants. »

QUE pouvait-il faire ? L'Histoire lui échappait, rebelle et trublionne, oublieuse, irrespectueuse, ingrate. Et voilà que d'autres l'écrivaient, sans conscience, sans vergogne ! Qui pour faire de l'esbroufe, qui pour assouvir une vengeance ! Gorbatchev s'enflamme et revit la séance, donnant sur la table basse, où reposent des tasses de café, un grand coup de battoir. « Boris Nicolaïevitch, ai-je plaidé, ne perdez pas de vue ceci : si une partie de la nomenklatura et du politburo ont soutenu le putsch, ce n'est pas une raison pour condamner la totalité du Parti ! Interdire son activité revient à marcher sur ses pas puisque lui-même interdisait toute opposition ! Quelle sorte de démocrate êtes-vous ? » Peine perdue. Le Parti, « son » Parti, était bel et bien moribond.

D'ailleurs on annonça que l'immeuble du comité central était mis sous scellés, et que le KGB était débarrassé du rôle de « glaive et de bouclier ». Tout cela allait trop vite, au gré de Gorbatchev. « Sur-le-coup, bien sûr, je ne songeais qu'à faire face à la salle. Ce n'est qu'après que des pensées lourdes, douloureuses, m'ont assailli et laissé un goût d'amertume. Eltsine avait écrit d'avance le scénario de la séance. Il s'était joué de moi. Que devais-je faire, maintenant ? Partir ? Rester ? Demeurer président avec cet entourage peu fiable ? Laisser la voie libre aux pires aventuriers ? J'ai préféré rester pour tenter les réformes. » Il en fera bel et bien. Mais la vipère était dans le noeud. Le jour de Noël 1991, décidément vaincu, et l'empire éclaté, il annonçait sa démission. Son tombeur, si l'on ose dire, s'appelait Boris Eltsine.

C'était inscrit dans la photo du 23 août. Comment croire que le géant qui pointe vers son voisin ce doigt autoritaire ne soit qu'un subalterne ? Gorbatchev est rescapé du putsch, mais c'est Eltsine le vainqueur. « Il fanfaronnait, commente l'ancien président. Et dans la coulisse, il ne cessait de se vanter : "Alors j'ai dit à Gorbatchev, alors j'ai exigé, alors j'ai imposé..." Du vent ! Il était intimidé, bredouillant comme un secrétaire de comité régional devant son secrétaire général. Il avait trouvé à qui parler et se savait bien incapable de soutenir la discussion ! »

D'ailleurs, dit-il en riant de bon coeur, son entourage savait bien qu'il avait intérêt à n'apparaître jamais aux côtés du numéro un soviétique. Ne fut-il pas piégé quand une chaîne américaine, dans le sillage du putsch, les voulut tous les deux, en direct ? « On m'a demandé tout de suite si j'étais communiste. J'ai répondu : "Disons que je reste partisan de l'idée socialiste et que je me qualifie de social-démocrate." Eltsine écoutait et, quand ce fut son tour, il ne put que répéter : "Heu, moi aussi je suis social-démocrate !" » Gorbatchev rit encore, la tête renversée en arrière. Mais après tout, sont-ils si opposés qu'il voudrait bien le dire ? Ou simplement rivaux de la première heure, ambitieux de la même trempe, frères siamois et ennemis ?

Gorbatchev se récrie. On ne saurait être plus différents ! « C'est un baratineur, dénué de toute conscience. Un cynique, familier des coups de tête, qui n'a aucun respect de la richesse de l'homme. Il cite le chiffre de vingt millions de chômeurs avec un détachement qui me rappelle Mao Zedong évoquant cinquante millions de victimes potentielles du nucléaire. Il ne souhaite que le pouvoir, alors que si je n'avais pas, moi, opté délibérément pour les réformes et choisi la démocratie, vous seriez encore en train de parler avec le secrétaire général du Parti. »

Moscou, août 1997

« Il est dangereux, continue-t-il d'une voix basse, dénué de fondement moral, enclin à l'aventure. Mais pourquoi faut-il que ce peuple si patient tombe toujours dans l'extrême ? Et pourquoi les leaders occidentaux, d'ordinaire vigilants, ferment-ils les yeux avec tant d'indulgence sur ce qui se passe en Russie ? »

REMONTÉ, Gorbatchev ! Truculent, cabotin, beau parleur ! Convaincu d'avoir un avenir malgré un score plus qu'humiliant aux élections présidentielles de juin 1996 (« mais il y eut tant de fraude !») et toujours impatient d'aller se ressourcer à l'étranger, où les ventes de ses Mémoires et les honoraires de conférences multiples alimentent utilement les caisses de sa fondation. Comme il aime, au hasard des escales, croiser ses anciens homologues ! Lady Thatcher, par exemple, « le partenaire politique sans doute le plus brillant ! Si gentille avec ça, si attentionnée, si attachée à la tradition familiale ! ». Peut-être aussi le pape, avec lequel, assure-t-il, il maintient le contact.

« Pour moi, c'est le plus grand des gauchistes. Ecoutez ses discours, lisez les encycliques ! Il renvoie dos à dos capitalisme et socialisme et donne la primauté à l'homme. J'aime sa sagesse. Je ne suis pas croyant, mais le personnage du pape m'est infiniment proche. »

Dans un bureau voisin, aussi terne que celui-ci, une photo de Jean Paul II embrassant Gorbatchev orne un mur fatigué. Le souverain pontife aurait-il joué dans les révolutions de l'Est le rôle que l'on a dit ? L'ancien chef de l'URSS ne marque pas l'ombre d'une hésitation : « C'est un fait avéré. Il avait tout senti. Nous courrions à la catastrophe si l'URSS ne changeait pas. Encore fallait-il un soutien, un aval hors de notre pays. »

Gorbatchev, lui aussi, croit avoir tout compris. Il a les yeux partout, dévore la moindre étude, scrute chaque sondage, décortique, analyse, s'excite au moindre frémissement de son image flétrie, réfléchit à l'OTAN et à l'élargissement de l'Europe, au danger nucléaire et à l'environnement. Il n'y a qu'une chose qui lui échappe : que fait un homme comme lui dans cet affreux bureau ?

La jeune fille à la fleur

2 1   O C T O B R E   1 9 6 7

WASHINGTON, DEVANT LE PENTAGONE

MARC RIBOUD

«Des baïonnettes !
Je n'avais jamais vu de baïonnettes !
En fait, je n'avais jamais vu ni
d'armes ni même de soldats !
La machine de guerre était pour moi
une sorte de concept,
une abstraction, quelque chose de
nuisible et d'inhumain. Et voilà qu'en
face de moi, ce sont des gens !
Des garçons à peine plus âgés que
moi ! Plus je me rapproche d'eux, plus
je distingue leur visage, plus je suis
fascinée. Oui, ce sont de jeunes types,
qui ont presque l'air effrayés.
C'est incroyable. Est-ce qu'ils se
rendent compte de ce qu'ils font là ?
Ce n'est pas possible, ils ne peuvent
pas choisir d'appartenir au camp des
tueurs, je veux leur faire face,
je veux voir leurs yeux.
Il faut que je les touche : «Vous
réalisez ce que vous faites ? Vous
acceptez ce job ignoble ? Vous
trouvez bien de répandre le sang ? »
Ils évitent systématiquement mon
regard. Trop facile. Je me sens à la
fois triste et scandalisée. Je bouge
devant eux, je sais que je ne crains
rien, je fais des gestes, je deviens
théâtrale, c'est mon tempérament.
 Le monde est une scène de spectacle.
 Je brandis mon chrysanthème
comme un objet vulnérable et sacré.
Et je les supplie de ne pas faire
la guerre, d'arrêter la folie. "

Jan Rose Kasmir

J AMAIS Jan Rose Kasmir n'avait parlé de cette photographie. Jamais, hormis à son psychanalyste, elle n'avait raconté les trente années qui la séparent aujourd'hui du cliché. Jamais elle n'avait même imaginé que la façon dont elle avait pétri sa vie après avoir brandi, devant le canon des fusils, la fleur symbolique des «sixties» pouvait intéresser quiconque. Avec surprise et curiosité, elle avait donc accepté le rendez- vous. C'était bien la première fois, disait-elle en riant, qu'elle pourrait parler d'elle sans débourser un dollar !

Elle était arrivée avec une foule de sacs et une petite fille malicieuse, remuante et curieuse, épuisante et bavarde. «Mon portrait à cinq ans ! » dit-elle, triomphalement. Intéressant. Elle sortit d'une valise un mini-magnétoscope, une dizaine de cassettes, transforma aussitôt la chambre d'hôtel en salle de projection, l'orientation du poste permettant opportunément à l'enfant de suivre le dessin animé en faisant du tremplin sur le lit. Des figures très simples au départ, puis des acrobaties, des mouvements compliqués, rythmées par le jazz effréné des Aristochats et les cris de joie du prodige. Il fallait regarder, applaudir, l'adorable enfant exigeant un public et ne comprenant guère que sa mère ait besoin de silence pour se pencher sur la photo de ses dix-sept ans. Une baby-sitter fut donc appelée d'urgence. Jan Rose Kasmir, parent unique et attentif de la petite Lisa, avait droit, pour évoquer le cliché, à quelques heures de précieuse sérénité.

Que savait-elle d'ailleurs du destin de la photographie prise à son insu, ce 21 octobre 1967 à Washington, dans une douceur d'été indien ? Avait-elle idée du nombre de journaux, de magazines, d'ouvrages qui, depuis des années, publiaient et republiaient le cliché ? Avait- elle vu les posters, les affiches, les cartes postales ? Et réalisait-elle que l'improbable face- à-face entre la fleur et le fusil continuait, tel un classique, de susciter les rêveries pacifistes de jeunes du monde entier ? Elle connaissait l'image pour l'avoir croisée à maintes reprises et avoir entendu l'un de ses fiancés, ancien militaire au Vietnam, lui raconter combien le poster, affiché dans son campement, avait symbolisé l'espoir. Mais elle ignorait la portée d'une photo qui, depuis belle lurette, avait échappé à son sujet, à son auteur, à son histoire, pour incarner à jamais l'essence d'un sentiment, voire d'une philosophie : celle de la non- violence.

Elle ignorait qu'une petite annonce passée dans le Village Voice avait, en vain, tenté de la retrouver, il y a de nombreuses années, avant une exploitation commerciale du cliché. Que d'anciens militants pacifistes s'étaient longtemps interrogés sur l'identité de celle qui leur volait la vedette en incarnant leur symbole. Que les spéculations allaient bon train alors, certains imaginant que «la jeune fille à la fleur » était finalement un garçon, d'autres suggérant que l'image était décidément trop belle pour n'avoir pas été posée ! A ces délires, la publication par Marc Riboud de sa planche-contact mit un point final : la jeune fille bougeait, dansait, tendait ses bras, se déployait devant le premier rang de soldats, avant de se réfugier dans cette attitude de prière, la fleur près du visage. C'était la dernière photo du film. Pour Marc Riboud, c'était la bonne.

«J'avais mis ma robe rose, celle qui cachait mes formes. C'était plus confortable qu'un jean et je trouvais qu'elle m'allait bien. En m'habillant pour aller à une manif, j'avais toujours en tête que j'y ferais peut-être une rencontre... » Elle avait quitté la maison sans dire où elle allait, pris le bus pour le centre de Washington et rejoint la foule des jeunes gens qui, ce joli samedi d'automne, avaient décidé de marcher en masse vers le Pentagone pour protester contre la guerre du Vietnam. C'était un beau rassemblement. Il y avait des étudiants radicaux, des militants des droits civiques, des partisans du Black Power, des libéraux issus des classes moyennes, des hippies et des employés fédéraux. Il y avait des banderoles de toutes sortes, des images, des slogans pacifiques. Du théâtre près du Mémorial de Lincoln, un concert de Peter, Paul and Mary, des séances de méditation par quelques groupes de philosophie hindoue, assis dans la position du lotus et poussant des «om, om » exotiques et incantatoires. Et puis des chants, des rires, des embrassades ; des fleurs, des brassées de fleurs à remettre aux soldats ; et des effluves de marijuana.

Jan Rose était ardente. Elle n'avait rejoint aucun groupe particulier, elle n'avait pas de banderole, mais elle se sentait à sa place. Responsable du sort du monde. Oui, sa génération était décidément différente de la précédente. «C'en était fini de la mentalité Eisenhower, du conformisme aveugle et de la discipline. On était magnifiques, on savait se rebeller, on se sentait des héros. Qu'importe si on choquait l'opinion. Au moins nous n'étions pas des moutons. Nous réfléchissions au sens des événements, au pourquoi de la vie. Et nous allions changer l'ordre des choses. »

LA guerre, par exemple. Cette guerre «absurde, coûteuse, grotesque », à laquelle personne ne comprenait rien. En tout cas pas Jan Rose, qui dévorait le Washington Post «de la première à la dernière page, exceptée la section Sports », et qui s'en tenait au dixième commandement : «Tu ne tueras point. » Quelle hypocrisie d'affirmer qu'il y avait de bonnes guerres ! Elle avait un slogan tout prêt à flanquer au visage de ceux qui la contraient : «Tuer pour la paix, c'est comme baiser pour la chasteté. » Il paraît que cela mettait K.-O. l'adversaire. Et à l'énoncer tout fort, trente ans plus tard, elle n'en est pas mécontente... Bien sûr, elle avait lu Gandhi, cité à tout bout de champ ; Bouddha lui paraissait de plus en plus digne de référence. Mais son héros à elle était Martin Luther King. «Tant de choses auraient été différentes s'il était resté en vie. Mais d'en parler me ferait encore pleurer. »

Elle n'avait que dix-sept ans, une fêlure camouflée depuis la mort soudaine d'une soeur aînée, une famille aux liens distendus. Elle avait surtout une soif infinie de tout découvrir et tout réinventer, de forger le monde à son idée, avec la beauté, la liberté, la créativité, la sincérité des gens de son âge – «Surtout ne jamais faire confiance à quelqu'un de plus de trente ans ! ». Avec l'inspiration des philosophies orientales les plus héréroclites, les drogues les plus intéressantes, les expériences les plus innovantes. «En finir enfin avec tous les tabous ! » Depuis «longtemps » déjà, Jan Rose était «hippy ». «C'était un état d'innocence, de rêves, de sincérité. On était sûr d'aller dans la bonne direction, c'était comme " The Old West ". On aspirait au bien de la planète, on ne croyait qu'à l'amour, à la bonté sur terre. Nous appartenons tous à la grande famille de l'Homme, pas vrai ? C'est ce que j'enseigne à ma fille : deux personnes qui se battent ont tort à égalité ; toutes deux seront perdantes. Sois aimante avec les autres, ils le seront avec toi ». Lisa est assurément, dit-elle, une petite de hippy.

«Il y avait une magie, voilà. Une magie éphémère qu'aucune jeunesse, je crois, ne retrouvera jamais. Car on contrevenait à l'usage. On explorait, on cherchait le naturel et l'essence des choses. Et on avait notre hymne, le rock'n'roll, qui était une conscience. » Parlez-lui de Leonard Cohen et de sa Suzanne, de Janis Joplin, «cette petite chose adorable, si cool, si autenthique, qui jurait, buvait, se droguait, est morte avant la fin » ; des Doors, des Beatles, de Crosby, Stills, Nash and Young. Elle fredonne Let your Freak Flag Fly, qu'elle traduit par « Sois fier d'être un hippy ».

Et il y avait le sexe. Et il y avait la drogue. A l'âge de dix-sept ans, Jan Rose avait essayé beaucoup de choses. « Ce n'était que cohérence. L'amour libre remplaçait presque la poignée de main. Et Timothy Leary devint gourou en affirmant que le LSD et les autres drogues étaient un chemin vers la paix, la sagesse, l'harmonie avec l'univers. C'était là ce que je recherchais. " Jan Rose était passionnée, exigeante, ambitieuse. Elle voulait flamboyer, être «extraordinaire ». Et pendant un court, un très très court moment, «ce fut une vie formidable. Dans la photo à la fleur, en vrac, il faut mettre tout cela ».

Faut-il y mettre la suite ? Le photographe, sans doute, serait tenté de dire non. Pourquoi toucher ainsi au symbole ? Pourquoi attenter au mystère ? Arrêtons-là l'horloge. Profitons de ce que l'image figée permet de se concentrer sur l'essence de la scène, l'esprit d'un geste inspiré, l'étonnante vérité d'un instant pris sur le vif qui, par le talent de l'artiste, révèle autre chose que ce qu'il montre... Jan Rose éclate d'un grand rire rauque et triste. La vie fut son partenaire capricieux et cruel. Elle faillit même, à sa demande, lui échapper plusieurs fois. Elle se sent rescapée. Devrait-elle le cacher ? La photo témoignait d'un moment très intense, sa vérité d'alors, ses espoirs, son engagement. A bien y regarder, si on lit le contexte, elle annonce la suite. Le drame, la chute, une spirale infernale, la lente remontée, les escarres et brûlures. La vie. Malgré tout, la vie ! N'a-t-elle pas décidé que la photographie la représentant aujourd'hui inclurait forcément sa Lisa ?

Washington, août 1997

1967, donc. L'école, les manifs, les tracts, les livres, la tribu, les délires. Pareil en 1968, avec encore plus de liberté puisqu'elle rompt avec sa famille, prend des responsabilités dans le «gouvernement étudiant », agite ses camarades, s'intéresse à la politique, dénonce sans relâche la guerre du Vietnam. La biologie l'a toujours intriguée, mais les religions posent, lui semble-t-il, les problèmes fondamentaux. La drogue ne l'aide guère à garder prise sur la réalité, si ce n'est le problème des moyens pour se la procurer. Elle s'engage à fond dans les grèves étudiantes. Fréquente des factions politiques qui l'écoeurent. Prend des coups. Tombe de haut. Entière, comme toujours. Attirée par l'extrême. D'ailleurs, pour aller jusqu'au bout d'une logique qui la pousse à critiquer l'enseignement bourgeois, élitiste, arbitraire, inadapté, injustement noté, tristement conformiste, elle plaque tout. «C'était un geste politique. » Parlons plutôt d'un naufrage.

La drogue n'attendait que ça pour en prendre possession, occuper tout le terrain, coloniser ses rêves, ses pensées, son esprit, ses poèmes. Sans doute n'est-elle plus tout à fait elle-même. Un viol l'anéantira. Elle parle de «huit années de trou noir ». Quand elle en sortira (après quelques internements, des boulots temporaires, dont celui de strip-teaseuse, et un très éphémère mariage en blanc à la synagogue, avec fête à 10 000 dollars), elle se tournera vers Dieu, quel que soit le nom qu'on lui donne, persuadée – elle l'est encore – que son destin est dans le service aux autres. Les femmes, les prisonniers, les adolescents. Elle continue sa quête mystique, lit tout ce qui vient d'Orient sans perdre jamais le contact avec ses racines juives, et puis soudain, à la suite d'un rêve, croit approcher d'une vérité de la pureté en «vivant dans le blanc ».

PENDANT sept ans, elle ne s'habille, ne s'entoure que de blanc. Elle se fait appeler «White Rose », Rose Blanche, et reprend un peu de force. Elle apprend les massages, pour lesquels elle croit être douée, passe un diplôme et exerce comme kiné dans une petite île réputée de Caroline du Sud. Tout n'est pas réglé bien sûr, ses crises de boulimie lui sapent le moral, ses recherches spirituelles ne la satisfont pas, sa vie sentimentale est un peu dispersée. Mais elle va attendre un bébé. Et le cosmos va en être transformé.

Elle sera une bonne mère, Jan Rose, elle qui n'a jamais cessé de materner ses amis, ses voisins, ses amants, ses patients. Elle veut être une bonne mère, même si elle ne vit aujourd'hui que de l'aide publique, si beaucoup de ses vêtements viennent de l'Armée du salut, un mal de dos l'ayant contrainte à stopper son travail. Elle ne pense plus qu'à cela, molestée par ce sytème qu'elle a tant conspué, étrangère à cette société qu'elle voulait transformer, trop dégoûtée par la politique pour même imaginer voter. Car elle ne renie rien. «Je reste une vieille hippy qui se fond dans la masse, comme Superman, dont la cape est cachée dans le placard. » Elle aime la foi et les convictions de ses dix-sept ans, les élans fraternels et l'utopie des années 60. Oui, elle aime sa photo. Et à Marc Riboud, elle a envoyé des poèmes.

L'histoire, pense-t-elle, est fatale aux idéalistes, et, pas plus que de vétérans du Vietnam, elle ne connaît de vieux hippys heureux. Elle continue pourtant de faire de son mieux. Le soir, lorsque Lisa est couchée, il arrive à Jan Rose de prendre son tricot et de penser à la petite brûlée du Vietnam dont la photo a obsédé ses années de douleur, « Kim Phuc, ma petite sœur ...».

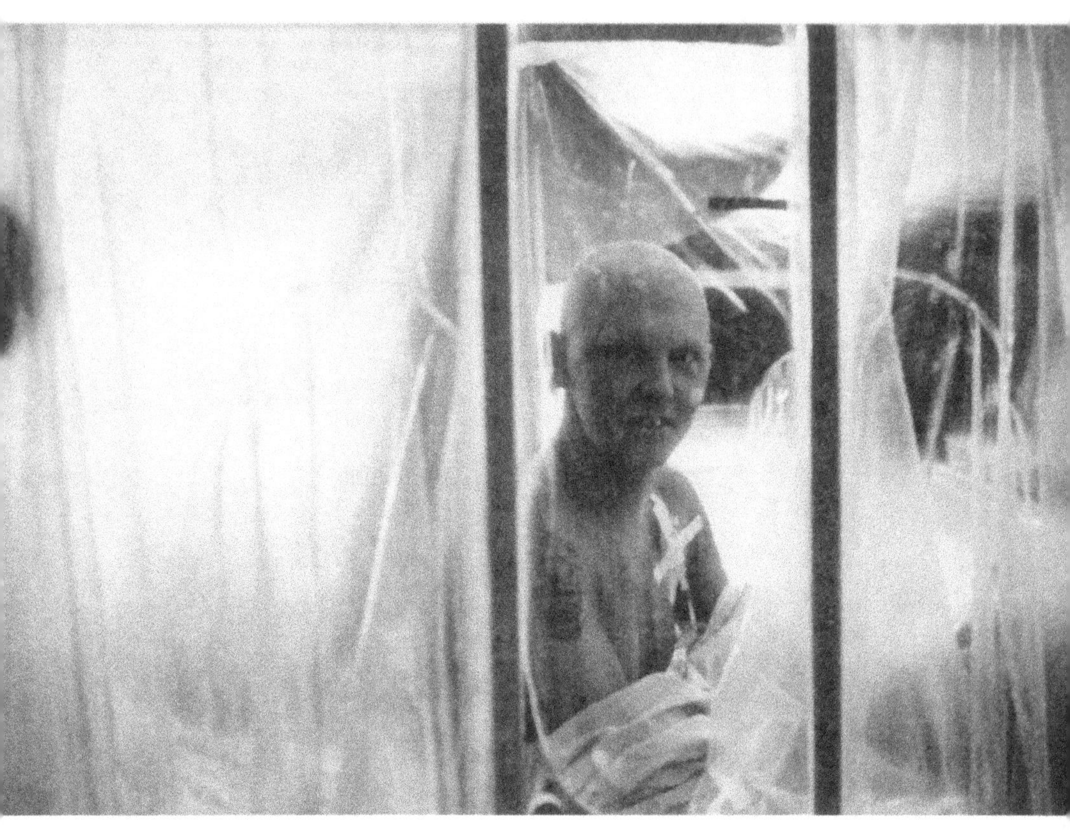

M A I   1 9 8 6

MOSCOU, HÔPITAL NUMERO 6

DOCTEUR GALE / SYGMA

Le sourire de Tchernobyl

ERRIÈRE la vitre d'une chambre stérile, un homme sourit. Le drap froissé au-dessous de sa poitrine indique qu'il est alité, sous perfusion, et qu'il ne s'est redressé que le temps d'un salut au visiteur, le temps bref d'une photo. Il a perdu ses cheveux, ses sourcils, son âge. Il n'a gardé, sur l'épaule droite, que son tatouage. Un voilage de plastique empêche de voir le reste de la cellule que l'on soupçonne encombrée de tuyaux, flacons et oscillographes. Mais la lucarne est dégagée qui encadre le visage souriant dans un rectangle noir : portrait d'un irradié.

L'homme regarde l'objectif, et l'oeil paraît confiant. « Eh oui, c'est moi, pas en forme olympique, mais en vie, pris en charge. Alors, attendons de voir... » Le photographe est rassurant : il porte blouse blanche, il est médecin. Il arrive tout juste d'Amérique avec, dans son bagage, outre l'appareil photo qui lui permettra de vendre au monde entier les clichés exclusifs des premiers irradiés de Tchernobyl, la réputation d'un bon spécialiste des greffes de moelle osseuse. A l'hôpital numéro 6 de Moscou, où l'on a acheminé de toute urgence les trois cents victimes les plus sérieuses de l'accident survenu dans la nuit du 26 avril, son arrivée a suscité beaucoup d'espoir. Et l'homme, reconnaissant, sourit en le voyant. « Salut, docteur! Je tiens bon. »

C'est le premier visage de Tchernobyl qui nous soit apparu après la catastrophe. Peut-être, d'ailleurs, est-ce le seul. Dans les heures suivant l'annonce du drame, les télévisions ont montré des plans généraux de la centrale nucléaire, des images d'hélicoptères survolant les installations, des vues des villes environnantes brusquement évacuées. Il y manquait de l'humain, un visage qui illustrât la résonance de la tragédie sur les populations victimes, un destin bouleversé, une vie en souffrance. La photo de l'opportuniste docteur Gale vint à point.

Elle fit la « une » du magazine Life, qui publia les tribulations soviétiques du médecin américain, écrites à la première personne. Puis elle parut en France dans Paris-Match, en

Allemagne dans Bunte, et dans des dizaines et dizaines d'autres publications. On ne précisait jamais l'identité de l'homme, on l'appelait simplement « le pompier de Tchernobyl ». Et il était à la fois symbole et éclaireur. Il témoignait d'une tragédie, en incarnant la menace d'une prochaine. « Condamné par l'atome », affirmaient les magazines, en ajoutant, presque invariablement : «...comme nous pourrions tous l'être ». Plus qu'elle n'apitoyait, la photo inquiétait.

C'est en la revoyant dans un supplément du Monde consacré aux dix ans de la tragédie de Tchernobyl que j'ai plongé dans cet étrange regard sans cils. Qui était-il, cet homme qui bravait si fièrement l'objectif? Que cachait son sourire? Avait-il de l'espoir? Ou voulait-il être poli en masquant sa souffrance? Car il souffrait, atrocement, comme en ont attesté ceux qui hantèrent les couloirs du sinistre « numéro 6 ». Qu'était-il devenu? Avait-il survécu? Le docteur Gale, dans son récit à Life, se gardait bien d'être précis.

Au journal, un ami du service « Sciences » m'affirma que lors d'une conférence de presse donnée à Kiev, il y a quelques années, pour faire le point sur les conséquences médicales de l'accident de la centrale, un médecin russe avait désigné à l'assistance un grand gaillard blond et chevelu : « Vous avez bien devant vous l'homme de la photo, le pompier de Tchernobyl. Voyez comme il se porte bien ! » Le ton était triomphant et la nouvelle parut à tous vraisemblable, même si personne n'osa demander au « pompier » de montrer son tatouage... Le message me ravit. L'homme était vivant. Il me raconterait Tchernobyl.

Je photocopiai son image et la faxai tous azimuts, à Kiev et à Moscou. Je tentai un contact avec l'hôpital numéro 6, dérangeai en vain quelques services, rapidement arrêtée, il est vrai, par la langue. L'ambassade française de Kiev ne se révélait d'aucune aide, mais la cellule ukrainienne de l'IPSN (l'Institut de protection et de sûreté nucléaire) était au contraire accueillante, promettant de faire circuler autant que possible la photo du « pompier ». Les ingénieurs ne cachaient cependantdant pas s'être davantage intéressés aux photos et documents concernant les installations de la centrale nucléaire plutôt qu'au visage affiché dans Life, et avouaient leur étonnement : les irradiés de la première heure n'étaient-ils pas morts dès les premières semaines?

EN France, le docteur Jean-Claude Nénot, qui étudie depuis longtemps les effets sanitaires de Tchernobyl et s'est rendu plusieurs fois sur les lieux, se rappelait fort bien le cliché et tentait de procéder par déduction.

« S'il est vrai que le pompier a subi une greffe de moelle, m'écrivait-il, c'est qu'il fait partie des treize victimes ayant eu ce type de traitement. Mais, sur les treize, onze sont mortes dans les deux mois après l'accident. S'il fait partie des survivants (qui ont d'ailleurs rejeté leur greffe), il est vraisemblable qu'il soit toujours en vie car il ne semble pas figurer parmi les quatorze graves irradiés morts entre 1986 et 1996... » Voilà qui me laissait de l'espoir. Vite, il fallait découvrir son nom.

J'obtins alors le téléphone du docteur Angelina Gouskova, une Soviétique de l'ère glaciaire dont on me vanta le sérieux et la compétence en même temps qu'un redoutable abord de porc-épic. Sa mémoire était réputée infaillible, comme sa maîtrise des dossiers. Elle pouvait être Sésame. Je lui faxai la photo et la fis contacter en russe pour faire appel à ses souvenirs de 1986. Sa réponse fut formelle : le « pompier » était en vie. Il s'appelait Leonid Teliatnikov et vivait dans la région de Kiev. Elle pouvait trouver l'adresse. J'exultai.

C'est alors que je découvris un ouvrage, écrit en 1987 et longtemps censuré, dans lequel un ancien ingénieur de la centrale de Tchernobyl – Grigori Medvedev – reconstituait heure par heure le récit de la catastrophe. Teliatnikov, « commandant de la brigade des sapeurs-pompiers », y tenait une bonne place. En congé ce soir-là, racontait l'auteur, il fêtait son anniversaire en compagnie de son frère lorsque le téléphone avait résonné dans la caserne. « Incendie dans la salle des machines! Alerte sonore dans la centrale! » Teliatnikov avait foncé sur les lieux, appelé à l'aide tous les détachements de pompiers de la région de Kiev, déployé les équipes sur les toits et les nombreux foyers d'incendie dans le bâtiment du réacteur, grimpé aux échelles pour vérifier l'étendue des dégâts, couru du toit à la salle de commandes, pataugeant, sous une chaleur suffocante, dans la boue radioactive d'un bitume mélangé au graphite et au combustible incandescents. Au bout de quelques heures, son visage était devenu marron foncé. Comme la plupart de ses hommes, tombés les uns après les autres, il avait été pris de nausées, de vomissements, de maux de tête fulgurants, vaincu par le mal nucléaire, contraint de quitter la fournaise pour être hospitalisé.

Faute de disposer de son téléphone, un émissaire, à Kiev, se rendit à l'adresse fournie par le docteur Gouskova et frappa à la porte de Leonid Teliatnikov. Le contact fut rugueux. Le pompier nia vigoureusement être l'homme de la photo et fit savoir que, de toute façon, il ne répondrait à aucune question. Nous revenions à la case départ.

Les photos envoyées au centre hospitalier de Kiev chargé du suivi des irradiés ne suscitaient aucune réponse et je n'arrivais plus à joindre le docteur Gouskova. Les représentants de l'IPSN en Ukraine avaient bien établi la liste d'une dizaine de noms susceptibles de correspondre à l'image, mais ils n'étaient guère optimistes. Enfin, les préoccupations du docteur-photographe Gale, que j'avais joint à Los Angeles, semblaient désormais fort éloignées de l'Ukraine et il ne paraissait pas pressé de me transmettre les informations demandées. Alors, je décidai de me rendre à Kiev.

Le jour de mon départ, très tôt le matin, je rappelai tout de même Robert Gale. Je le sentis embarrassé. Il n'avait pu retrouver l'ensemble de ses archives relatives aux patients de l'hôpital numéro 6 et se disait très incertain quant à l'identité du pompier dont il avait vendu la photo au monde entier. Mais, enfin, il penchait pour Palamartchouk, oui, Piotr Palamartchouk, grièvement irradié la nuit du 26 avril dans la centrale. Le docteur avait un trou de mémoire sur ce qui s'était passé après l'opération, mais il lui semblait bien... Enfin, il n'était pas très sûr, mais disons qu'il n'était pas impossible, et même assez probable, que ce Palamartchouk soit décédé dans les semaines suivant la catastrophe. En revanche, comme il était resté en relation avec un autre homme de constitution similaire, irradié comme Palamartchouk, mais qui avait survécu, il me conseillait de m'intéresser plutôt à ce dernier, qui, après tout, pouvait passer pour l'homme de la photo... Troublée, je pris mon avion.

Abord, je me jetai sur le livre de Medvedev, à la recherche, cette fois, du nom de Palamartchouk. Il y apparaissait bien, page 91. Il figurait parmi les hommes présents dans la salle de commandes, vingt secondes avant l'explosion. L'auteur le présentait comme « le chef du laboratoire de l'entreprise chargée de la mise en service de Tchernobyl », jeune homme courageux qui «donnerait sa vie» pour récupérer, tout près du réacteur en feu, un camarade irradié, écrasé sous les débris de l'explosion. J'étais perplexe. Le docteur Gale, peut-être, avait raison. Mais je n'eus pas le temps d'être découragée. Dans la documentation que je m'étais constituée hâtivement, je découvris l'interview d'un historien britannique qui, en 1994, évoquait dans la revue Spectator les résultats d'une longue enquête sur les victimes de Tchernobyl. Un passage me stupéfia.

« Le mal des rayons évolue suivant un processus qui court sur environ deux mois et demi. Les décès qui se produisirent durant cette période furent particulièrement horribles, mais certains survécurent à des doses jusque-là réputées irrémédiablement fatales. Piotr Palamartchouk, un géant ukrainien qui transporta un collègue hors des décombres, reçut une dose estimée à 780 rems. Ses cheveux et ses ongles sont tombés; il est devenu aveugle. Il a reçu une greffe de moelle osseuse, mais son organisme a rejeté la moelle du donneur. Cependant, il n'est pas mort. Cinq ans après l'accident, je l'ai rencontré à Moscou. Il a recouvré la vue. Ses cheveux et ses ongles ont repoussé. Les greffes de peau n'ont pas entièrement réussi, il reste toujours des plaies ouvertes sur son corps, mais il a survécu. »

IL faisait beau, à Kiev. C'était, me dit-on, les premiers signaux de l'été, et la foule semblait gagnée par une douce euphorie. Sitôt les bureaux et ateliers fermés, des cohortes de promeneurs envahissaient trottoirs et esplanades et baguenaudaient, jusque tard la nuit. J'observais les visages. Je cherchais mon pompier. Il me semblait être la seule à être ainsi crispée.

Munie d'une interprète, j'avais prévu deux rendez-vous. Le premier, au centre-ville, ne donna rien du tout. Le président de l'Association d'aide aux familles des victimes de Tchernobyl, dont plusieurs femmes en fichu sombre attendaient anxieusement les conseils, ne reconnut pas la photo et se contenta de me souhaiter bonne chance. Le deuxième m'entraîna à la périphérie de la ville, vers ces barres d'immeubles dénuées de tout environnement végétal que j'avais repérées avec effroi de l'avion. Espace de sable et de béton, impression de cages et de prison. Odeur morbide et anxiogène. C'est là qu'en catastrophe on a regroupé – parqué – les réfugiés de Tchernobyl, Pripyat, et des villages environnants. C'est là qu'on a entassé les immigrés d'une zone classée désormais interdite, qui n'ont eu que le temps, avec deux-trois paquets, de courir vers le bus qui les évacuait sans pouvoir se retourner, graver dans leur rétine ces lieux de leur enfance qui deviendraient fantômes, ni même réaliser qu'ils ne reviendraient jamais. La contamination radioactive dépasse l'échelle d'une vie humaine...

Au rez-de-chaussée d'une barre grisâtre, dans un bureau sans couleur, un homme nous attendait. Il était lourd et lent, portait un gilet de laine curieusement assorti à ses chaussons et aux mèches rebelles qui lui tombaient sur le front. Il avait entre cinquante et cent ans, et semblait fatigué. En face de lui, une affiche décolorée de la centrale de Tchernobyl était scotchée au mur. Et la table était encombrée de cahiers et fichiers écrits au crayon à papier. Un deuxième, puis un troisième homme arrivèrent, qui prirent place autour de la table et semblaient familiers des lieux. C'était le siège de l'Association des anciens de Tchernobyl. Mes espoirs reposaient sur eux.

Je sortis la photo. Et je crois que je tremblais un peu. Le premier homme la prit entre ses deux mains et la regarda en silence. Très longuement. Sans un mot il la passa au deuxième, un type plus jeune, plus énergique, qui la communiqua à son voisin en interrogeant le premier d'un haussement de sourcils. Il y eut un gros soupir. « Teliatnikov », lâcha le vieil homme. Le deuxième secoua la tête : « Teliatnikov est plus gros ». Le troisième fixait toujours la photo. Le premier la réclama à nouveau. « Teliatnikov », confirma-t-il. « Teliatnikov n'est pas du genre à porter un tatouage! », protesta son voisin. La photo passa à nouveau de main en main. « On pourrait lui téléphoner », suggéra enfin le troisième. Mais personne ne bougeait. « Connaissez-vous Palamartchouk ? », demandai-je alors. Oui, ils l'avaient vu à la centrale. Il y avait onze ans de cela... A nouveau, ils scrutèrent la photo.

C'est alors qu'arriva un jeune homme, maigre et pâle. Sur son crâne, quelques cheveux fins et blonds formaient un frêle duvet, mais l'absence de sourcils donnait à son regard clair une étrange acuité. « Ah! Voilà celui qui nous dira la vérité ! », s'écria le président des «anciens», en lui tendant la photo. Le jeune homme n'hésita pas deux secondes : « Yourig Verchinin », dit-il dans un souffle.

Il y eut un grand silence. Tous les regards fixaient le garçon. Lui, avait plongé dans l'image. « On était ensemble à l'hôpital numéro 6, poursuivit-il sans lever la tête. Et Verchinin, toujours blagueur, essayait encore de mettre de l'ambiance. Un chic type, optimiste, réconfortant pour les autres. Je me rappelle bien ce sourire, avec cette dent proéminente sur la mâchoire du haut ». Et le tatouage ?, demanda un ancien. D'où lui venait ce tatouage ? « De la marine, répondit le jeune homme. Yourig y avait fait son apprentissage avant d'entrer à la centrale. Depuis, il était devenu machiniste dans la salle des turbines. » Il posa la photo sur la table. Et, en réponse à la question que personne n'osait lui poser, il ajouta doucement : « Il est mort. Peu de temps après ce cliché.»

Yourig Verchinin figurait bien dans le fichier des anciens de Tchernobyl. Une courte notice confirmait les indications fournies par son collègue. Il était né le 25 mai 1959 et était enterré, précisait-on, au cimetière de Mitino. Sa famille habitait Kiev. « J'appelle son père », dit un des hommes en saisissant un téléphone aux allures de jouet. Et le père confirma. La dent, le tatouage, l'agonie à l'hôpital de Moscou, où les mourants, momies sèches et noircies, étaient – selon Medvedev – « aussi légers que des enfants ».

Je leur ai laissé la photo, après y avoir inscrit, à la demande du monsieur à chaussons, un petit mot affectueux à destination des parents de Verchinin. Et puis je suis sortie. J'avais envie de respirer. Et de pleurer. Envie de fuir aussi.

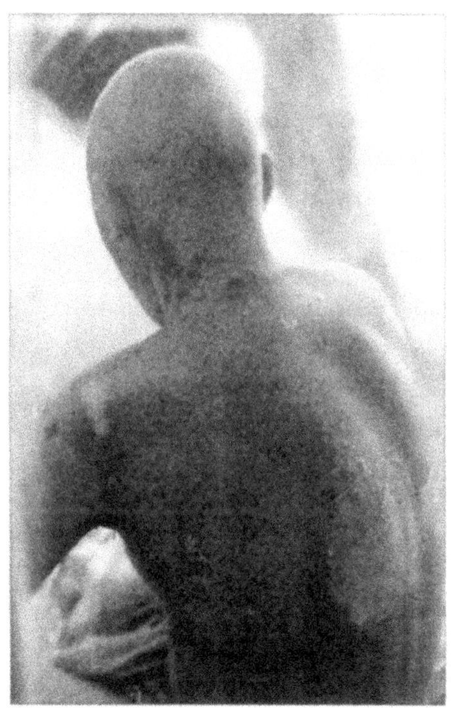

TABLE DES MATIÈRES

Les photos des personnages de ce livre ont été faites par Annick Cojean
au cours des entretiens.

J'adresse mes remerciements
à tous les collaborateurs du « Monde »,
qui par leur confiance, compétence et amitié,
ont contribué à la réalisation
de cette série d'enquêtes.

Les textes de ce livre, sur une idée originale
d'Annick Cojean, furent publiés dans « Le Monde»
entre les 17 et 31 août 1997.

ISBN 978-2-246-55881-1